Para vivir la
Semana Santa

José María Fernández Lucio, SSP

Para vivir la
Semana Santa

Recurso espiritual y litúrgico

SAN PABLO

Los textos litúrgicos y las oraciones han sido tomados de *Celebraciones de Semana Santa. Liturgia de la Pasión, muerte y Resurrección,* San Pablo, Madrid 2020; y del *Evangelio 2024. Camino, verdad y vida,* San Pablo, Madrid 2023.

© SAN PABLO 2024 (Protasio Gómez, 11-15. 28027 Madrid)
Tel. 917 425 113 - Fax 917 425 723
E-mail: secretaria.edit@sanpablo.es - www.sanpablo.es

Texto de José María Fernández Lucio, SSP

Distribución: SAN PABLO. División Comercial
Resina, 1. 28021 Madrid
Tel. 917 987 375 - Fax 915 052 050
E-mail: ventas@sanpablo.es
ISBN: 978-84-285-7058-9
Depósito legal: M. 2.480-2024
Impreso en Artes Gráficas Gar.Vi. 28970 Humanes (Madrid)
Printed in Spain. Impreso en España

«Nosotros hemos de gloriarnos
en la cruz de nuestro Señor Jesucristo:
en él está nuestra salvación, vida y resurrección;
él nos ha salvado y libertado».
(Gál 6,14)

Introducción

Lo que nos ha movido a preparar este *Recurso espiritual y litúrgico* para vivir la Semana Santa ha sido la constatación de que hay personas, cada día en mayor número, que, por diversas circunstancias, no pueden acudir a su parroquia y participar en las celebraciones. La Semana Santa, durante la que celebramos la Pasión, muerte y Resurrección de Jesús, es un momento propicio para penetrar en el misterio de nuestra redención, misterio de amor llevado a cabo por el Hijo de Dios, nuestro Señor Jesucristo, no desde «la altura divina, sino desde su condición humana».

Necesitamos sobrenaturalizar el descanso y, sin olvidar las cosas terrenas, elevarnos a las celestiales. Debemos propiciar una simbiosis entre trabajo y espiritualidad para que nuestra vida funcione y se enriquezca. Además, si celebramos estos días de descanso, es porque Alguien, al que en ocasiones tratamos de olvidar, se entregó por nosotros y nos redimió: nuestro Señor Jesucristo.

Los materiales que ofrecemos pretenden ayudar a vivir más santamente la semana que llamamos Santa, para acompañar a Jesús en este momento culmen de su vida. No son unos recursos dirigidos a una determinada clase de personas: las que se pueden tomar el gozo de las vacaciones, sino a toda persona, en cualquier situación en que se encuentre, que desee pasar un tiempo propicio acompañando a Jesucristo en su semana definitiva en este mundo. Actualmente hay muchas personas que no pueden acercarse al templo por sus limitaciones físicas o sus impedimentos laborales. Las hemos tenido presentes en este trabajo, ofreciéndoles la oportunidad de *Vivir la Semana Santa* «como si en presencia se encontraran». En sus páginas se incluye, para cada día de la Semana Santa, una ambientación para disponerse a la lectura de los textos litúrgicos que se leen en Misa, una oración y una pequeña reflexión para profundizar en el mensaje y acompañar a Jesús en su Pasión, muerte y Resurrección. También se ha incluido en las páginas finales un *Vía Crucis para crecer con Cristo*, ya que en estos días se recomienda su lectura.

Ante los acontecimientos de la Pasión, nos aconseja el Papa Francisco:

Nos hará bien preguntarnos: ¿Quién soy yo? ¿Quién soy yo ante mi Señor? ¿Quién soy yo, delante de Jesús entrando en Jerusalén en este día de fiesta? ¿Soy capaz de expresar mi alegría, de alabarlo? ¿O tomo las distancias? ¿Quién soy yo, delante de Jesús que sufre? [...] Mi vida, ¿está dormida? ¿O soy como los discípulos, que no entendían lo que era traicionar a Jesús? ¿O como aquel otro discípulo que quería resolver todo con la espada: soy yo como ellos? ¿Yo soy como Judas, que finge amar y besa a su Maestro para entregarlo, para traicionarlo? ¿Soy yo, un traidor? ¿Soy como aquellos líderes religiosos que tienen prisa en organizar un tribunal y buscan falsos testigos? ¿Soy yo como ellos? (*Homilía del Domingo de Ramos,* 13 de abril de 2014).

Estas disposiciones que nos indica el Papa son importantes para iniciar con fruto la Semana Santa. No nos asuste nuestra debilidad, pues la paciencia de Dios es nuestra salvación. Vino para salvarnos y pide de nosotros que acojamos esta salvación que nos ofrece gratuitamente.

A continuación, añadimos una tabla temporal de Semana Santa para que los lectores puedan consultar-la y saber los días en que se celebra según el año que corresponda, así como el ciclo dominical.

TABLA TEMPORAL DE SEMANA SANTA

AÑO	DOMINGO DE RAMOS	DOMINGO DE RESURRECCIÓN	CICLO LITÚRGICO
2024	24 de marzo	31 de marzo	B
2025	13 de abril	20 de abril	C
2026	29 de marzo	5 de abril	A
2027	21 de marzo	28 de marzo	B
2028	9 de abril	16 de abril	C
2029	25 de marzo	1 de abril	A
2030	14 de abril	21 de abril	B
2031	6 de abril	13 de abril	C
2032	21 de marzo	28 de marzo	A
2033	10 de abril	17 de abril	B
2034	2 de abril	9 de abril	C
2035	18 de marzo	25 de marzo	A

Las abreviaturas utilizadas en las lecturas dialogadas de la Pasión, tanto del Domingo de Ramos como del Viernes Santo, tienen el siguiente significado:

+   Jesús
C. Cronista
S. Otros personajes

DOMINGO DE RAMOS

EN LA
PASIÓN DEL SEÑOR

El Domingo de Ramos comienza la Semana Santa, la semana más importante del año para los cristianos. En este día aclamamos a Jesús, nuestro guía; recordamos su entrada en Jerusalén y proclamamos que queremos seguirle, sabiendo que no es sencillo ni fácil.

Ambientación

Lo que llama más la atención el Domingo de Ramos es la entrada triunfal de Jesús en Jerusalén. Jesús es aclamado por la multitud con ramos de olivo y cantando: «Hosanna al Hijo de David, bendito el que viene en nombre del Señor, el Rey de Israel. ¡Hosanna en el cielo!». Los títulos que se le aplican son cristológicos, pero los judíos los entienden políticamente, de manera triunfalista, como el que debía liberarles de la opresión romana, así lo habían querido entender en otras ocasiones: en la multiplicación de los panes y los peces. Nosotros ensalzamos con nuestros ramos al verdadero liberador del pecado y de la muerte y esto por pura misericordia. Como nos dirá san Pablo, escribiendo a los efesios: «Dios, que es rico en misericordia, por el gran amor con que nos amó, estando nosotros muertos por nuestros delitos, nos dio vida por Cristo» (Ef 2,4).

La celebración del Domingo de Ramos en la Pasión del Señor da el tono, por así decir. La asamblea cristiana va al encuentro del Señor, al que aclama como Rey del universo y lo acompaña hasta el Calvario, muerto en la cruz. Dios lo levanta sobre todo: «De modo que al nombre de Jesús toda rodilla se doble en el cielo, en la tierra y en el abismo, y toda lengua proclame: Jesucristo es Señor, para gloria de Dios Padre» (Flp 2,8-11).

Oración

Dios todopoderoso y eterno, que hiciste que nuestro Salvador se encarnase y soportara la cruz para que imitemos su ejemplo de humildad, concédenos, propicio, aprender las enseñanzas de la pasión y participar de la resurrección gloriosa. Por nuestro Señor Jesucristo, tu Hijo, que vive y reina contigo en la unidad del Espíritu Santo y es Dios por los siglos de los siglos.

La Palabra de Dios

Las siguientes lecturas se utilizan todos los años, a excepción del Evangelio, que es propio para cada año del ciclo dominical.

PRIMERA LECTURA

Isaías 50,4-7

El Señor Dios me ha dado una lengua de discípulo; para saber decir al abatido una palabra de aliento. Cada mañana me espabila el oído, para que escuche como los discípulos. El Señor Dios me abrió el oído; yo no resistí ni me eché atrás. Ofrecí la espalda a los que me golpeaban, las mejillas a los que mesaban mi barba; no escondí el rostro ante ultrajes y salivazos. El Señor Dios me ayuda, por eso no sentía los ultrajes; por eso endurecí el rostro como pedernal, sabiendo que no quedaría defraudado.

SALMO RESPONSORIAL

Salmo 21,8-9.17-18a.19-20.23-24 (R.: 2ab)

R. *Dios mío, Dios mío, ¿por qué me has abandonado?*

Al verme, se burlan de mí,
hacen visajes, menean la cabeza:
«Acudió al Señor, que lo ponga a salvo;
que lo libre si tanto lo quiere». R.

Me acorrala una jauría de mastines,
me cerca una banda de malhechores;

me taladran las manos y los pies,
puedo contar mis huesos. *R.*

Se reparten mi ropa,
echan a suerte mi túnica.
Pero tú, Señor, no te quedes lejos;
fuerza mía, ven corriendo a ayudarme. *R.*

Contaré tu fama a mis hermanos,
en medio de la asamblea te alabaré.
«Los que teméis al Señor, alabadlo;
linaje de Jacob, glorificadlo;
temedlo, linaje de Israel». *R.*

SEGUNDA LECTURA

Filipenses 2,6-11

Cristo Jesús, siendo de condición divina, no retuvo ávidamente el ser igual a Dios; al contrario, se despojó de sí mismo tomando la condición de esclavo, hecho semejante a los hombres. Y así, reconocido como hombre por su presencia, se humilló a sí mismo, hecho obediente hasta la muerte, y una muerte de cruz. Por eso Dios lo exaltó sobre todo y le concedió el Nombre-sobre-todo-nombre; de modo que al nombre de Jesús toda rodilla se doble en el cielo, en la tierra, en el abismo, y toda lengua proclame: Jesucristo es Señor, para gloria de Dios Padre.

EVANGELIO
Año A
Mateo 26,14–27,66
C. En aquel tiempo, uno de los Doce, llamado Judas Iscariote, fue a los sumos sacerdotes y les propuso: S. «¿Qué estáis dispuestos a darme si os lo entrego?». C. Ellos se ajustaron con él en treinta monedas de plata. Y desde entonces andaba buscando ocasión propicia para entregarlo. El primer día de los Ácimos se acercaron los discípulos a Jesús y le preguntaron: S. «¿Dónde quieres que te preparemos la cena de Pascua?». C. Él contestó: + «Id a la ciudad, a casa de quien vosotros sabéis, y decidle: "El Maestro dice: mi hora está cerca; voy a celebrar la Pascua en tu casa con mis discípulos"». C. Los discípulos cumplieron las instrucciones de Jesús y prepararon la Pascua. Al atardecer se puso a la mesa con los Doce. Mientras comían dijo: + «En verdad os digo que uno de vosotros me va a entregar». C. Ellos, muy entristecidos, se pusieron a preguntarle uno tras otro: S. «¿Soy yo acaso,

Señor?». C. Él respondió: + «El que ha metido conmigo la mano en la fuente, ese me va a entregar. El Hijo del hombre se va como está escrito de él; pero, ¡ay de aquel por quien el Hijo del hombre es entregado!, ¡más le valdría a ese hombre no haber nacido!». C. Entonces preguntó Judas, el que lo iba a entregar: S. «¿Soy yo acaso, Maestro?». C. Él respondió: + «Tú lo has dicho». C. Mientras comían, Jesús tomó pan y, después de pronunciar la bendición, lo partió, lo dio a los discípulos y les dijo: + «Tomad, comed: esto es mi cuerpo». C. Después tomó el cáliz, pronunció la acción de gracias y dijo: + «Bebed todos; porque esta es mi sangre de la alianza, que es derramada por muchos para el perdón de los pecados. Y os digo que desde ahora ya no beberé del fruto de la vid hasta el día que beba con vosotros el vino nuevo en el reino de mi Padre». C. Después de cantar el himno salieron para el monte de los Olivos. Entonces Jesús les dijo: + «Esta noche os vais a escandalizar todos por mi causa, porque está escrito: "Heriré al pastor, y se dispersarán las ovejas del rebaño". Pero cuando resucite, iré delante de vosotros a Galilea». C. Pedro replicó: S. «Aunque todos caigan por tu causa, yo jamás caeré». C. Jesús le dijo: + «En verdad te digo que esta noche, antes de que el gallo cante, me negarás tres veces». C. Pedro le replicó: S. «Aunque tenga que morir contigo, no te negaré». C. Y lo mismo decían los demás discípulos. Entonces Jesús fue con ellos a un huerto, llamado Getsemaní, y dijo a los discípulos: + «Sentaos aquí, mientras voy allá a orar». C. Y llevándose a Pedro y a los dos hijos de Zebedeo, empezó a sentir tristeza y angustia. Entonces les dijo: + «Mi alma está triste hasta la muerte; quedaos aquí y velad conmigo». C. Y adelantándose un poco cayó rostro en tierra y oraba diciendo: + «Padre mío, si es posible, que pase de mí este cáliz. Pero no se haga como yo quiero, sino como quieres tú». C. Y volvió a los discípulos y los encontró dormidos. Dijo a Pedro: + «¿No habéis podido velar una hora conmigo? Velad y orad para no caer en la tentación, pues el espíritu está pronto, pero la carne es débil». C. De nuevo se apartó por segunda vez y oraba diciendo: + «Padre mío, si este cáliz no puede pasar sin que yo lo beba, hágase tu voluntad». C. Y viniendo otra vez, los encontró dormidos, porque sus ojos se cerraban de sueño. Dejándolos de nuevo, por tercera vez oraba repitiendo las mismas palabras. Volvió a los discípulos, los encontró dormidos y les dijo: + «Ya podéis dormir y descansar. Mirad, está cerca la hora y el Hijo del hombre va a ser entregado en manos de los pecadores. ¡Levantaos, vamos! Ya está cerca el que me entrega». C. Todavía estaba hablando, cuando apareció Judas, uno de los Doce, acompañado de un tropel de gente, con espadas y palos, enviado por los sumos sacerdotes y los ancianos del pueblo. El traidor les había dado esta contraseña: S. «Al que yo bese, ese es: prendedlo». C. Después se acercó a Jesús y le dijo: S. «¡Salve, Maestro!». C. Y lo besó. Pero Jesús le contestó: + «Amigo, ¿a qué vienes?». C. Entonces se acercaron a Jesús y le echaron mano y lo prendieron. Uno de los que estaban con él agarró la espada, la desenvainó y de un tajo le cortó la oreja al criado del sumo sacerdote. Jesús le dijo: + «Envaina la espada; que todos los que empuñan espada, a espada morirán. ¿Piensas tú que no puedo acudir a mi Padre? Él me mandaría enseguida más de doce legiones de ángeles. ¿Cómo se cumplirían entonces las Escrituras que dicen que esto tiene que pasar?». C. Entonces dijo Jesús a la gente: + «¿Habéis salido a prenderme con espadas y palos como si fuera un bandido? A diario me sentaba en el templo a enseñar y, sin embargo, no me prendisteis. Pero todo esto ha sucedido para

que se cumplieran las Escrituras de los profetas».
C. En aquel momento todos los discípulos lo abandonaron y huyeron. Los que prendieron a Jesús lo condujeron a casa de Caifás, el sumo sacerdote, donde se
habían reunido los escribas y los ancianos. Pedro lo
seguía de lejos hasta el palacio del sumo sacerdote y,
entrando dentro, se sentó con los criados para ver
cómo terminaba aquello. Los sumos sacerdotes y el
Sanedrín en pleno buscaban un falso testimonio contra Jesús para condenarlo a muerte y no lo encontraban, a pesar de los muchos falsos testigos que compa-
recían. Finalmente, comparecieron dos que declararon: S. «Este ha dicho: "Puedo destruir el templo de
Dios y reconstruirlo en tres días"». C. El sumo sacerdote se puso en pie y le dijo: S. «¿No tienes nada que
responder? ¿Qué son estos cargos que presentan contra ti?». C. Pero Jesús callaba. Y el sumo sacerdote le
dijo: S. «Te conjuro por el Dios vivo a que nos digas si
tú eres el Mesías, el Hijo de Dios». C. Jesús le respondió: + «Tú lo has dicho. Más aún, yo os digo: desde
ahora veréis al Hijo del hombre sentado a la derecha
del Poder y que viene sobre las nubes del cielo».
C. Entonces el sumo sacerdote rasgó sus vestiduras
diciendo: S. «Ha blasfemado. ¿Qué necesidad tene-

mos ya de testigos? Acabáis de oír la blasfemia. ¿Qué decidís?». C. Y ellos contestaron: S. «Es reo de muerte». C. Entonces le escupieron a la cara y lo abofetearon; otros lo golpearon diciendo: S. «Haz de profeta, Mesías; dinos quién te ha pegado». C. Pedro estaba sentado fuera en el patio y se le acercó una criada y le dijo: S. «También tú estabas con Jesús el Galileo». C. Él lo negó delante de todos diciendo: S. «No sé qué quieres decir». C. Y al salir al portal lo vio otra y dijo a los que estaban allí: S. «Este estaba con Jesús el Nazareno». C. Otra vez negó él con juramento: S. «No conozco a ese hombre». C. Poco después se acercaron los que estaban allí y dijeron a Pedro: S. «Seguro; tú también eres de ellos, tu acento te delata». C. Entonces él se puso a echar maldiciones y a jurar diciendo: S. «No conozco a ese hombre». C. Y enseguida cantó un gallo. Pedro se acordó de aquellas palabras de Jesús: «Antes de que cante el gallo me negarás tres veces». Y, saliendo afuera, lloró amargamente. Al hacerse de día, todos los sumos sacerdotes y los ancianos del pueblo se reunieron para preparar la condena a muerte de Jesús. Y, atándolo, lo llevaron y lo entregaron a Pilato, el gobernador. Entonces Judas, el traidor, viendo que lo habían condenado, se arrepintió y devolvió las treinta monedas de plata a los sumos sacerdotes y ancianos diciendo: S. «He pecado entregando sangre inocente». C. Pero ellos dijeron: S. «¿A nosotros qué? ¡Allá tú!». C. Él, arrojando las monedas de plata en el templo, se marchó; y fue y se ahorcó. Los sacerdotes, recogiendo las monedas de plata, dijeron: S. «No es lícito echarlas en el arca de las ofrendas, porque son precio de sangre». C. Y, después de discutirlo, compraron con ellas el Campo del Alfarero para cementerio de forasteros. Por eso aquel campo se llama todavía «Campo de Sangre». Así se cumplió lo dicho por medio del profeta Jeremías: «Y tomaron las treinta monedas de plata, el precio de uno que fue tasado, según la tasa de los hijos de Israel, y pagaron con ellas el Campo del Alfarero, como me lo había ordenado el Señor». Jesús fue llevado ante el gobernador, y este le preguntó: S. «¿Eres tú el rey de los judíos?». C. Jesús respondió: + «Tú lo dices». C. Y, mientras lo acusaban los sumos sacerdotes y los ancianos, no contestaba nada. Entonces Pilato le preguntó: S. «¿No oyes cuántos cargos presentan contra ti?». C. Como no contestaba a ninguna pregunta, el gobernador estaba muy extrañado. Por la fiesta, el gobernador solía liberar un preso, el que la gente quisiera. Tenía entonces un preso famoso, llamado Barrabás. Cuando la gente acudió, dijo Pilato: S. «¿A quién queréis que os suelte, a Barrabás o a Jesús, a quien llaman el Mesías?». C. Pues sabía que se lo habían entregado por envidia. Y, mientras estaba sentado en el tribunal, su mujer le mandó a decir: S. «No te metas con ese justo porque esta noche he sufrido mucho soñando con él». C. Pero los sumos sacerdotes y los ancianos convencieron a la gente para que pidieran la libertad de Barrabás y la muerte de Jesús. El gobernador preguntó: S. «¿A cuál de los dos queréis que os suelte?». C. Ellos dijeron: S. «A Barrabás». C. Pilato les preguntó: S. «¿Y qué hago con Jesús, llamado el Mesías?». C. Contestaron todos: S. «Sea crucificado». C. Pilato insistió: S. «Pues, ¿qué mal ha hecho?». C. Pero ellos gritaban más fuerte: S. «¡Sea crucificado!». C. Al ver Pilato que todo era inútil y que, al contrario, se estaba formando un tumulto, tomó agua y se lavó las manos ante la gente, diciendo: S. «Soy inocente de esta sangre. ¡Allá vosotros!». C Todo el pueblo contestó: S. «¡Caiga su sangre sobre nosotros y sobre nuestros hijos!». C. Entonces les soltó a Barrabás; y a Jesús, después de azotarlo, lo entregó para que lo crucificaran. Entonces los soldados del gobernador se llevaron a Jesús al pretorio y reunieron alrededor de él a toda la cohorte: lo desnudaron y le pusieron un manto de color púrpura y, trenzando una corona de espinas, se la ciñeron a la cabeza y le pusieron una caña en la mano derecha. Y, doblando ante él la rodilla, se burlaban de él diciendo: S. «¡Salve, rey de los judíos!». C. Luego le escupían, le quitaban la caña y le golpeaban con ella la cabeza. Y, terminada la burla, le quitaron el manto, le pusieron su ropa y lo llevaron a crucificar. Al salir, encontraron a un hombre de Cirene, llamado Simón, y lo forzaron a llevar su cruz. Cuando llegaron al lugar llamado Gólgota (que quiere decir lugar de «la Calavera»), le dieron a beber vino mezclado con hiel; él lo probó, pero no quiso beberlo. Después de crucificarlo, se repartieron su ropa echándola a suertes y luego se sentaron a custodiarlo. Encima de la cabeza colocaron un letrero con la acusación: «Este es Jesús, el rey de los judíos». Crucificaron con él a dos bandidos, uno a la derecha y otro a la izquierda. Los que pasaban, lo injuriaban, y, meneando la cabeza, decían: S. «Tú que destruyes el templo y lo reconstruyes en tres días, sálvate a ti mismo; si eres Hijo de Dios, baja de la cruz». C. Igualmente los sumos sacerdotes con los escribas y los ancianos se burlaban también diciendo: S. «A otros ha salvado y él no se puede salvar. ¡Es el Rey de Israel!, que baje ahora de la cruz y le creeremos. Confió en Dios, que lo libre si es que lo ama, pues dijo: "Soy Hijo de Dios"». C. De la misma manera los bandidos que estaban crucificados con él lo insultaban. Desde la hora sexta hasta la hora nona vinieron tinieblas sobre toda la tierra. A la hora nona, Jesús gritó con voz potente: + «*Elí, Elí, lemá sabaqtaní?*». C. (Es decir: + «Dios mío, Dios mío, ¿por qué me has abandonado?»). C. Al oírlo algunos de los que estaban allí dijeron: S. «Está llamando a Elías». C. Enseguida uno de ellos fue corriendo, cogió una esponja empapada en vinagre y, sujetándola en una caña, le dio de beber. Los demás decían: S. «Déjalo, a ver si viene Elías a salvarlo». C. Jesús, gritando de nuevo con voz potente, exhaló el espíritu. Entonces el velo del templo se rasgó en dos de arriba abajo; la tierra tembló, las rocas se resquebrajaron, las tumbas se abrieron y muchos cuerpos de santos que habían muerto resucitaron y, saliendo de las tumbas después que él resucitó, entraron en la ciudad santa y se aparecieron a muchos. El centurión y sus hombres, que custodiaban a Jesús, al ver el terremoto y lo que pasaba, dijeron aterrorizados: S. «Verdaderamente este era Hijo de Dios». C. Había allí muchas mujeres que miraban desde lejos, aquellas que habían seguido a Jesús desde Galilea para servirlo; entre ellas, María la Magdalena y María, la madre de Santiago y José, y la madre de los hijos de Zebedeo. Al anochecer llegó un hombre rico de Arimatea, llamado José, que era también discípulo de Jesús. Este acudió a Pilato a pedirle el cuerpo de Jesús. Y Pilato mandó que se lo entregaran. José, tomando el cuerpo de Jesús, lo envolvió en una sábana limpia, lo puso en su sepulcro nuevo que se había excavado en la roca, rodó una piedra grande a la entrada del sepulcro y se marchó. María la Magdalena y la otra María se quedaron allí sentadas enfrente del sepulcro. A la mañana siguiente, pasado el día de la Preparación, acudieron en grupo los sumos sacerdotes y los fariseos a Pilato y le dijeron: S. «Señor, nos hemos acordado de que aquel impostor estando en vida anunció: "A los tres días resucitaré". Por eso ordena que vigilen el sepulcro hasta el tercer día, no sea que vayan sus discípulos, se lleven el cuerpo y digan al pueblo: "Ha resucitado de entre los muertos". La última impostura sería peor que la primera». C. Pilato contestó: S. «Ahí tenéis la guardia: id vosotros y asegurad la vigilancia como sabéis». C. Ellos aseguraron el sepulcro, sellando la piedra y colocando la guardia.

Año B

Marcos 14,1–15,47

C. Faltaban dos días para la Pascua y los Ácimos. Los sumos sacerdotes y los escribas andaban buscando cómo prender a Jesús a traición y darle muerte. Pero decían: S. «No durante las fiestas; podría amotinarse el pueblo». C. Estando Jesús en Betania, en casa de Simón, el leproso, sentado a la mesa, llegó una mujer con un frasco de perfume muy caro, de nardo puro; quebró el frasco y se lo derramó sobre la cabeza. Algunos comentaban indignados: S. «¿A qué viene este derroche de perfume? Se podía haber vendido por más de trescientos denarios para dárselo a los pobres». C. Y reprendían a la mujer. Pero Jesús replicó: + «Dejadla, ¿por qué la molestáis? Una obra buena ha hecho conmigo. Porque a los pobres los tenéis siempre con vosotros y podéis socorrerlos cuando queráis; pero a mí no me tenéis siempre. Ella ha hecho lo que podía: se ha adelantado a embalsamar mi cuerpo para la sepultura. En verdad os digo que, en cualquier parte del mundo donde se proclame el Evangelio, se hablará de lo que esta ha hecho, para memoria suya». C. Judas Iscariote, uno de los Doce, fue a los sumos sacerdotes para entregárselo. Al oírlo, se alegraron y le prometieron darle dinero. Él andaba buscando ocasión propicia para entregarlo. El primer día de los Ácimos, cuando se sacrificaba el cordero pascual, le dijeron a Jesús sus discípulos: S. «¿Dónde quieres que vayamos a prepararte la cena de Pascua?». C. Él envió a dos discípulos diciéndoles: + «Id a la ciudad, os saldrá al paso un hombre que lleva un cántaro de agua; seguidlo, y en la casa adonde entre, decidle al dueño: "El Maestro pregunta: ¿Cuál es la habitación donde voy a comer la Pascua con mis discípulos?". Os enseñará una habitación grande en el piso de arriba, acondicionada y dispuesta. Preparádnosla allí». C. Los discípulos se marcharon, llegaron a la ciudad, encontraron lo que les había dicho y prepararon la Pascua. Al atardecer fue él con los Doce. Mientras estaban a la mesa comiendo dijo Jesús: + «En verdad os digo que uno de vosotros me va a entregar: uno que está comiendo conmigo». C. Ellos comenzaron a entristecerse y a preguntarle uno tras otro: S. «¿Seré yo?». C. Respondió: + «Uno de los

Doce, el que está mojando en la misma fuente que yo. El Hijo del hombre se va, como está escrito; pero, ¡ay de aquel hombre por quien el Hijo del hombre será entregado!; ¡más le valdría a ese hombre no haber nacido!». C. Mientras comían, tomó pan y, pronunciando la bendición, lo partió y se lo dio diciendo: + «Tomad, esto es mi cuerpo». C. Después tomó el cáliz, pronunció la acción de gracias, se lo dio y todos bebieron. Y les dijo: + «Esta es mi sangre de la alianza, que es derramada por muchos. En verdad os digo que no volveré a beber del fruto de la vid hasta el día que beba el vino nuevo en el reino de Dios». C. Después de cantar el himno, salieron para el monte de los Olivos. Jesús les dijo: + «Todos os escandalizaréis, como está escrito: "Heriré al pastor y se dispersarán las ovejas". Pero cuando resucite, iré delante de vosotros a Galilea». C. Pedro le replicó: S. «Aunque todos caigan, yo no». C. Jesús le dice: + «En verdad te digo que hoy, esta misma noche, antes que el gallo cante dos veces, tú me habrás negado tres». C. Pero él insistía: S. «Aunque tenga que morir contigo, no te negaré». C. Y los demás decían lo mismo. Llegan a un huerto, que llaman Getsemaní, y dice a sus discípulos: + «Sentaos aquí mientras voy a orar». C. Se lleva consigo a Pedro, a Santiago y a Juan, empezó a sentir espanto y angustia, y les dice: + «Mi alma está triste hasta la muerte. Quedaos aquí y velad». C. Y, adelantándose un poco, cayó en tierra y rogaba que, si era posible, se alejase de él aquella hora; y decía: + «¡*Abba!*, Padre: tú lo puedes todo, aparta de mí este cáliz. Pero no sea como yo quiero, sino como tú quieres». C. Vuelve y, al encontrarlos dormidos, dice a Pedro: + «Simón ¿duermes?, ¿no has podido velar una hora? Velad y orad, para no caer en tentación; el espíritu está pronto, pero la carne es débil». C. De nuevo se apartó y oraba repitiendo las mismas palabras. Volvió y los encontró otra vez dormidos, porque sus ojos se les cerraban. Y no sabían qué contestarle. Vuelve por tercera vez y les dice: + «Ya podéis dormir y descansar. ¡Basta! Ha llegado la hora; mirad que el Hijo del hombre va a ser entregado en manos de los pecadores. ¡Levantaos, vamos! Ya está cerca el que me entrega». C. Todavía estaba hablando, cuando se presenta Judas, uno de los Doce, y con él gente con espadas y palos, mandada por los sumos sacerdotes, los escribas y los ancianos. El traidor les había dado una contraseña, diciéndoles: S. «Al que yo bese, es él: prendedlo y conducidlo bien sujeto». C. Y en cuanto llegó, acercándosele le dice: S. «¡*Rabbí!*». C. Y lo besó. Ellos le echaron mano y lo prendieron. Pero uno de los presentes, desenvainando la espada, de un golpe le cortó la oreja al criado del sumo sacerdote. Jesús tomó la palabra y les dijo: + «¿Habéis salido a prenderme con espadas y palos, como si fuera un bandido? A diario os estaba enseñando en el templo y no me detuvisteis. Pero, que se cumplan las Escrituras». C. Y todos lo abandonaron y huyeron. Lo iba siguiendo un muchacho envuelto solo en una sábana; y le echaron mano, pero él, soltando la sábana, se les escapó desnudo. Condujeron a Jesús a casa del sumo sacerdote, y se reunieron todos los sumos sacerdotes y los escribas y los ancianos. Pedro lo fue siguiendo de lejos, hasta el interior del patio del sumo sacerdote; y se sentó con los criados a la lumbre para calentarse. Los sumos sacerdotes y el Sanedrín en pleno buscaban un testimonio contra Jesús, para condenarlo a muerte; y no lo encontraban. Pues, aunque muchos daban falso testimonio contra él, los testimonios no concordaban. Y algunos, poniéndose de pie, daban falso testimonio contra él diciendo: S. «Nosotros le hemos oído decir: "Yo destruiré este templo, edificado por manos humanas, y en tres días construiré otro no edificado por manos humanas"». C. Pero ni siquiera en esto concordaban los testimonios. El sumo sacerdote, levantándose y poniéndose en el centro, preguntó a Jesús: S. «¿No tienes nada que responder? ¿Qué son estos cargos que presentan contra ti?». C. Pero él callaba, sin dar respuesta. De nuevo le preguntó el sumo sacerdote: S. «¿Eres tú el Mesías, el Hijo del Bendito?». C. Jesús contestó: + «Yo soy. Y veréis al Hijo del hombre sentado a la derecha del Poder y que viene entre las nubes del cielo». C. El sumo sacerdote, rasgándose las vestiduras, dice: S. «¿Qué necesidad tenemos ya de testigos? Habéis oído la blasfemia. ¿Qué os parece?». C. Y todos lo declararon reo de muerte. Algunos se pusieron a escupirle y, tapándole la cara, lo abofeteaban y le decían: S. «Profetiza». C. Y los criados le daban bofetadas. Mientras Pedro estaba abajo en el patio, llega una criada del sumo sacerdote, ve a Pedro calentándose, lo mira fijamente y dice: S. «También tú estabas con el Nazareno, con Jesús». C. Él lo negó diciendo: S. «Ni sé ni entiendo lo que dices». C. Salió fuera al zaguán y un gallo cantó. La criada, al verlo, volvió a decir a los presentes: S. «Este es uno de ellos». C. Pero él de nuevo lo negaba. Al poco rato, también los presentes decían a Pedro: S. «Seguro que eres uno de ellos, pues eres galileo». C. Pero él se puso a echar maldiciones y a jurar: S. «No conozco a ese hombre del que habláis». C. Y enseguida, por segunda vez, cantó el gallo. Pedro se acordó de las palabras que le había dicho Jesús: «Antes de que el gallo cante dos veces, me habrás negado tres», y rompió a llorar. Apenas se hizo de día, los sumos sacerdotes con los ancianos, los escribas y el Sanedrín en pleno, hicieron una reunión. Llevaron atado a Jesús y lo entregaron a Pilato. Pilato le preguntó: S. «¿Eres tú el rey de los judíos?». C. Él respondió: + «Tú lo dices». C. Y los sumos sacerdotes lo acusaban de muchas cosas. Pilato le preguntó de nuevo: S. «¿No contestas nada? Mira de cuántas cosas te acusan». C. Jesús no contestó más; de modo que Pilato estaba extrañado. Por la fiesta solía soltarles un preso, el que le pidieran. Estaba en la cárcel un tal Barrabás, con los rebeldes que habían cometido un homicidio en la revuelta. La muchedumbre que se había reunido comenzó a pedirle lo que era costumbre. Pilato les preguntó: S. «¿Queréis que os suelte al rey de los judíos?». C. Pues sabía que los sumos sacerdotes se lo habían entregado por envidia. Pero los sumos sacerdotes soliviantaron a la gente para que pidieran la libertad de Barrabás. Pilato tomó de nuevo la palabra y les preguntó: S. «¿Qué hago con el que llamáis rey de los judíos?». C. Ellos gritaron de nuevo: S. «Crucifícalo». C. Pilato les dijo: S. «Pues ¿qué mal ha hecho?». C. Ellos gritaron más fuerte: S. «Crucifícalo». C. Y Pilato, queriendo complacer a la gente, les soltó a Barrabás; y a Jesús, después de azotarlo, lo entregó para que lo crucificaran. Los soldados se lo llevaron al interior del palacio –al pretorio– y convocaron a toda la compañía. Lo visten de púrpura, le ponen una corona de espinas, que habían trenzado, y comenzaron a hacerle el saludo: S. «¡Salve, rey de los judíos!». C. Le golpearon la cabeza con una caña, le escupieron; y, doblando las rodillas, se postraban ante él. Terminada la burla, le quitaron la púrpura y le pusieron su ropa. Y lo sacan para crucificarlo. Pasaba uno que volvía del campo, Simón de Cirene, el padre de Alejandro y de Rufo; y lo obligan a llevar la cruz. Y conducen a Jesús al Gólgota (que quiere decir lugar de «la Calavera»), y le ofrecían vino con mirra; pero él no lo aceptó. Lo crucifican y se reparten sus ropas, echándolas a suerte, para ver lo que se llevaba cada uno. Era la hora tercia cuando lo crucificaron. En el letrero de la acusación estaba escrito: «El rey de los judíos». Crucificaron con él a dos bandidos, uno a su derecha y otro a su izquierda. Los que pasaban lo injuriaban, meneando la cabeza y diciendo: S. «Tú que destruyes el templo y lo reconstruyes en tres días, sálvate a ti mismo bajando de la cruz». C. De igual modo, también los sumos sacerdotes comentaban entre ellos, burlándose: S. «A otros ha salvado y a sí mismo no se puede salvar. Que el Mesías, el rey de Israel, baje ahora de la cruz, para que lo veamos y creamos». C. También los otros crucificados lo insultaban. Al llegar la hora sexta toda la región quedó en tinieblas hasta la hora nona. Y a la hora nona, Jesús clamó con voz potente: + *«Eloí Eloí, lemá sabaqtaní?»*. C. (Que significa: + «Dios mío, Dios mío, ¿por qué me has abandonado?»). C. Algunos de los presentes, al oírlo, decían: S. «Mira, llama a Elías». C. Y uno echó a correr y, empapando una esponja en vinagre, la sujetó a una caña, y le daba de beber diciendo: S. «Dejad, a ver si viene Elías a bajarlo». C. Y Jesús, dando un fuerte grito, expiró. El velo del templo se rasgó en dos, de arriba abajo. El centurión, que estaba enfrente, al ver cómo había expirado, dijo: S. «Verdaderamente este hombre era Hijo de Dios». C. Había también unas mujeres que miraban desde lejos; entre ellas María la Magdalena; María, la madre de Santiago el Menor y de Joset, y Salomé, las cuales, cuando estaba en Galilea, lo seguían y servían; y otras muchas que habían subido con él a Jerusalén. Al anochecer, como era el día de la Preparación, víspera del sábado, vino José de Arimatea, miembro noble del Sanedrín, que también aguardaba el reino de Dios; se presentó decidido ante Pilato y le pidió el cuerpo de Jesús. Pilato se extrañó de que hubiera muerto ya; y, llamando al centurión, le preguntó si hacía mucho tiempo que había muerto. Informado por el centurión, concedió el cadáver a José. Este compró una sábana y, bajando a Jesús, lo envolvió en la sábana y lo puso en un sepulcro, excavado en una roca, y rodó una piedra a la entrada del sepulcro. María Magdalena y María, la madre de Joset, observaban dónde lo ponían.

Año C
Lucas 22,14–23,56
C. Cuando llegó la hora, se sentó a la mesa y los apóstoles con él y les dijo: + «Ardientemente he deseado comer esta Pascua con vosotros, antes de padecer, porque os digo que ya no la volveré a comer hasta que

se cumpla en el reino de Dios». C. Y, tomando un cáliz, después de pronunciar la acción de gracias, dijo: + «Tomad esto, repartidlo entre vosotros; porque os digo que no beberé desde ahora del fruto de la vid hasta que venga el reino de Dios». C. Y, tomando pan, después de pronunciar la acción de gracias, lo partió y se lo dio diciendo: + «Esto es mi cuerpo, que se entrega por vosotros; haced esto en memoria mía». C. Después de cenar, hizo lo mismo con el cáliz diciendo: + «Este cáliz es la nueva alianza en mi sangre, que es derramada por vosotros». «Pero mirad: la mano del que me entrega está conmigo, en la mesa. Porque el Hijo del hombre se va, según lo establecido; pero ¡ay de aquel hombre por quien es entregado!». C. Ellos empezaron a preguntarse unos a otros sobre quién de ellos podía ser el que iba a hacer eso. Se produjo también un altercado a propósito de quién de ellos debía ser tenido como el mayor. Pero él les dijo: + «Los reyes de las naciones las dominan, y los que ejercen la autoridad se hacen llamar bienhechores. Vosotros no hagáis así, sino que el mayor entre vosotros se ha de hacer como el menor, y el que gobierna, como el que sirve. Porque ¿quién es más, el que está a la mesa o el que sirve? ¿Verdad que el que está a la mesa? Pues yo estoy en medio de vosotros como el que sirve. Vosotros sois los que habéis perseverado conmigo en mis pruebas, y yo preparo para vosotros el reino como me lo preparó mi Padre a mí, de forma que comáis y bebáis a mi mesa en mi reino, y os sentéis en tronos para juzgar a las doce tribus de Israel». «Simón, Simón, mira que Satanás os ha reclamado para cribaros como trigo. Pero yo he pedido por ti, para que tu fe no se apague. Y tú, cuando te hayas convertido, confirma a tus hermanos». C. Él le dijo: S. «Señor, contigo estoy dispuesto a ir incluso a la cárcel y a la muerte». C. Pero él le dijo: + «Te digo, Pedro, que no cantará hoy el gallo antes de que tres veces hayas negado conocerme». C. Y les dijo: + «Cuando os envié sin bolsa, ni alforja, ni sandalias, ¿os faltó algo?». C. Dijeron: S. «Nada». C. Jesús añadió: + «Pero ahora, el que tenga bolsa, que la lleve consigo, y lo mismo la alforja; y el que no tenga espada, que venda su manto y compre una. Porque os digo que es necesario que se cumpla en mí lo que está escrito: "Fue contado entre los pecadores", pues lo que se refiere a mí toca a su fin». C. Ellos dijeron: S. «Señor, aquí hay dos espadas». C. Él les dijo: + «Basta». C. Salió y se encaminó, como de costumbre, al monte de los Olivos, y lo siguieron los discípulos. Al llegar al sitio, les dijo: + «Orad, para no caer en tentación». C. Y se apartó de ellos como a un tiro de piedra y, arrodillado, oraba diciendo: + «Padre, si quieres, aparta de mí este cáliz; pero que no se haga mi voluntad, sino la tuya». C. Y se le apareció un ángel del cielo, que lo confortaba. En medio de su angustia, oraba con más intensidad. Y le entró un sudor que caía hasta el suelo como si fueran gotas espesas de sangre. Y, levantándose de la oración, fue hacia sus discípulos, los encontró dormidos por la tristeza, y les dijo: + «¿Por qué dormís? Levantaos y orad, para no caer en tentación». C. Todavía estaba hablando, cuando apareció una turba; iba a la cabeza el llamado Judas, uno de los Doce. Y se acercó a besar a Jesús. Jesús le dijo: + «Judas, ¿con un beso entregas al Hijo del hombre?». C. Viendo los que estaban con él lo que iba a pasar, dijeron: + «Señor, ¿herimos con la espada?». C. Y uno de ellos hirió al criado del sumo sacerdote y le cortó la oreja derecha. Jesús intervino diciendo: + «Dejadlo, basta». C. Y, tocándole la oreja, lo curó. Jesús dijo a los sumos sacerdotes y a los oficiales del templo, y a los ancianos que habían venido contra él: + «¿Habéis salido con espadas y palos como en busca de un bandido? Estando a diario en el templo con vosotros, no me prendisteis. Pero esta es vuestra hora y la del poder de las tinieblas». C. Después de prenderlo, se lo llevaron y lo hicieron entrar en casa del sumo sacerdote. Pedro lo seguía desde lejos. Ellos encendieron fuego en medio del patio, se sentaron alrededor, y Pedro estaba sentado entre ellos. Al verlo una criada sentado junto a la lumbre, se lo quedó mirando y dijo: S. «También este estaba con él». C. Pero él lo negó diciendo: S. «No lo conozco, mujer». C. Poco después, lo vio otro y le dijo: S. «Tú también eres uno de ellos». C. Pero Pedro replicó: S. «Hombre, no lo soy». C. Y pasada cosa de una hora, otro insistía diciendo: S. «Sin duda, este también estaba con él, porque es galileo». C. Pedro dijo: S. «Hombre, no sé de qué me hablas». C. Y enseguida, estando todavía él hablando, cantó un gallo. El Señor, volviéndose, le echó una mirada a Pedro, y Pedro se acordó de la palabra que el Señor le había dicho: «Antes de que cante hoy el gallo, me negarás tres veces». Y, saliendo afuera, lloró amargamente. Y los hombres que tenían preso a Jesús se burlaban de él, dándole golpes. Y, tapándole la cara, le preguntaban diciendo: S. «Haz de profeta: ¿quién te

43

ha pegado?». C. E, insultándolo, proferían contra él otras muchas cosas. Cuando se hizo de día, se reunieron los ancianos del pueblo, con los jefes de los sacerdotes y los escribas; lo condujeron ante su Sanedrín, y le dijeron: S. «Si tú eres el Mesías, dínoslo». C. Él les dijo: + «Si os lo digo, no lo vais a creer; y si os pregunto, no me vais a responder. Pero, desde ahora, el Hijo del hombre estará sentado a la derecha del poder de Dios». C. Dijeron todos: S. «Entonces, ¿tú eres el Hijo de Dios?». C. Él les dijo: + «Vosotros lo decís, yo lo soy». C. Ellos dijeron: S. «¿Qué necesidad tenemos ya de testimonios? Nosotros mismos lo hemos oído de su boca». C. Y levantándose toda la asamblea, lo llevaron a presencia de Pilato. Y se pusieron a acusarlo diciendo: S. «Hemos encontrado que este anda amotinando a nuestra nación, y oponiéndose a que se paguen tributos al César, y diciendo que él es el Mesías rey». C. Pilato le preguntó: S. «¿Eres tú el rey de los judíos?». C. Él le responde: + «Tú lo dices». C. Pilato dijo a los sumos sacerdotes y a la gente: S. «No encuentro ninguna culpa en este hombre». C. Pero ellos insistían con más fuerza, diciendo: S. «Solivianta al pueblo enseñando por toda Judea, desde que comenzó en Galilea hasta llegar aquí». C. Pilato, al oírlo, preguntó si el hombre era galileo; y, al enterarse de que era de la jurisdicción de Herodes, que estaba precisamente en Jerusalén por aquellos días, se lo remitió. Herodes, al ver a Jesús, se puso muy contento, pues hacía bastante tiempo que deseaba verlo, porque oía hablar de él y esperaba verle hacer algún milagro. Le hacía muchas preguntas con abundante verborrea; pero él no le contestó nada. Estaban allí los sumos sacerdotes y los escribas acusándolo con ahínco. Herodes, con sus soldados, lo trató con desprecio y, después de burlarse de él, poniéndole una vestidura blanca, se lo remitió a Pilato. Aquel mismo día se hicieron amigos entre sí Herodes y Pilato, porque antes estaban enemistados entre sí. Pilato, después de convocar a los sumos sacerdotes, a los magistrados y al pueblo, les dijo: S. «Me habéis traído a este hombre como agitador del pueblo; y resulta que yo lo he interrogado delante de vosotros y no he encontrado en este hombre ninguna de las culpas de que lo acusáis; pero tampoco Herodes, porque nos lo ha devuelto: ya veis que no ha hecho nada digno de muerte. Así que le daré un escarmiento y lo soltaré». C. Ellos vociferaron en masa: S. «¡Quita de en medio a ese! Suéltanos a Barrabás». C. Este había sido metido en la cárcel por una revuelta acaecida en la ciudad y un homicidio. Pilato volvió a dirigirles la palabra queriendo soltar a Jesús, pero ellos seguían gritando: S. «¡Crucifícalo, crucifícalo!». C. Por tercera vez les dijo: S. «Pues ¿qué mal ha hecho este? No he encontrado en él ninguna culpa que merezca la muerte. Así que le daré un escarmiento y lo soltaré». C. Pero ellos se le echaban encima, pidiendo a gritos que lo crucificara; e iba creciendo su griterío. Pilato entonces sentenció que se realizara lo que pedían: soltó al que le reclamaban (al que había metido en la cárcel por revuelta y homicidio), y a Jesús se lo entregó a su voluntad. Mientras lo conducían, echaron mano de un cierto Simón de Cirene, que volvía del campo, y le cargaron la cruz, para que la llevase detrás de Jesús. Lo seguía un gran gentío del pueblo, y de mujeres que se golpeaban el pecho y lanzaban lamentos por él. Jesús se volvió hacia ellas y les dijo: + «Hijas de Jerusalén, no lloréis por mí, llorad por vosotras y por vuestros hijos, porque mirad que vienen días en los que dirán: "Bienaventuradas las estériles y los vientres que no han dado a luz y los pechos que no han criado". Entonces empezarán a decirles a los montes: "Caed sobre no-

sotros", y a las colinas: "Cubridnos"; porque, si esto
hacen con el leño verde, ¿qué harán con el seco?».
C. Conducían también a otros dos malhechores para
ajusticiarlos con él. Y cuando llegaron al lugar llamado «La Calavera», lo crucificaron allí, a él y a los
malhechores, uno a la derecha y otro a la izquierda.
Jesús decía: + «Padre, perdónalos, porque no saben
lo que hacen». C. Hicieron lotes con sus ropas y los
echaron a suerte. El pueblo estaba mirando, pero los
magistrados le hacían muecas diciendo: S. «A otros
ha salvado; que se salve a sí mismo, si él es el Mesías
de Dios, el Elegido». C. Se burlaban de él también los
soldados, que se acercaban y le ofrecían vinagre, diciendo: S. «Si eres tú el rey de los judíos, sálvate a ti
mismo». C. Había también por encima de él un letrero: «Este es el rey de los judíos». Uno de los malhechores crucificados lo insultaba diciendo: + «¿No
eres tú el Mesías? Sálvate a ti mismo y a nosotros».
C. Pero el otro, respondiéndole e increpándolo, le decía: S. «¿Ni siquiera temes tú a Dios, estando en la
misma condena? Nosotros, en verdad, lo estamos jus-
tamente, porque recibimos el justo pago de lo que hi-
cimos; en cambio, este no ha hecho nada malo». C. Y
decía: S. «Jesús, acuérdate de mí cuando llegues a tu

reino». C. Jesús le dijo: + «En verdad te digo: hoy estarás conmigo en el paraíso». C. Era ya como la hora sexta, y vinieron las tinieblas sobre toda la tierra, hasta la hora nona, porque se oscureció el sol. El velo del templo se rasgó por medio. Y Jesús, clamando con voz potente, dijo: + «Padre, a tus manos encomiendo mi espíritu». C. Y, dicho esto, expiró. El centurión, al ver lo ocurrido, daba gloria a Dios diciendo: S. «Realmente, este hombre era justo». C. Toda la muchedumbre que había concurrido a este espectáculo, al ver las cosas que habían ocurrido, se volvía dándose golpes de pecho. Todos sus conocidos y las mujeres que lo habían seguido desde Galilea se mantenían a distancia, viendo todo esto. Había un hombre, llamado José, que era miembro del Sanedrín, hombre bueno y justo (este no había dado su asentimiento ni a la decisión ni a la actuación de ellos); era natural de Arimatea, ciudad de los judíos, y aguardaba el reino de Dios. Este acudió a Pilato y le pidió el cuerpo de Jesús. Y, bajándolo, lo envolvió en una sábana y lo colocó en un sepulcro excavado en la roca, donde nadie había sido puesto todavía. Era el día de la Preparación y estaba para empezar el sábado. Las mujeres que lo habían acompañado desde Galilea lo siguieron, y vieron el sepulcro y cómo había sido colocado su cuerpo. Al regresar, prepararon aromas y mirra. Y el sábado descansaron de acuerdo con el precepto.

Reflexión

Cristo no necesitaba, para redimirnos, pasar por el trance de la pasión y de la muerte; pudo hacerlo desde su gloria, pero quiso compartir la tragedia humana para redimirnos desde dentro. Por eso los cristianos no podemos ayudar desde fuera al proceso de liberación humana sino desde dentro.

No nos fijemos solo en los padecimientos de Cristo, pues nos llevaría a un puro sentimentalismo inútil. El dolor es consecuencia del amor y no al contrario. San Pablo nos advierte: «Si yo hablara todas las lenguas... si tuviera el don de profecía... si reparto todo lo que poseo a los pobres... y entrego hasta mi propio cuerpo para ser quemado, pero sin tener amor, de nada me sirve» (1Cor 13,1-3).

La cruz puede verse desde un doble ángulo: Desde el proyecto de Dios encarnado en Jesús o desde el punto de vista de los que le crucifican, resumido en estas palabras: un sinsentido, un absurdo, la negación de Dios y del ser humano, el final de la esperanza y la ley del más fuerte. Por el contrario, tenemos que verla desde la lógica del amor, que no es un amor romántico, sino de entrega, donación y servicio; de humanidad.

Antes de la fe vivíamos en el pecado y bajo el signo de la reprobación, pero Dios quiso demostrarnos cuánto nos amaba al darnos la misma vida de Cristo. La salvación es un don gratuito del amor de Dios.

A continuación se reza el Padrenuestro y, dependiendo del tiempo del que uno disponga, por la tarde se puede rezar una o varias estaciones del Vía Crucis (pág. 147).

LUNES SANTO

El Lunes, Martes y Miércoles Santos nos introducen en el Triduo Pascual de la Pasión, muerte y Resurrección de Cristo, que es el culmen de todo el año litúrgico y también de nuestra vida cristiana. En este día, Lunes Santo, el Evangelio proclamado refleja el pasaje de la unción en la casa de Lázaro, en Betania. María, una de las hermanas, unge a Jesús con costosos perfumes.

Ambientación

Los tres primeros días de la semana, que a simple vista parecen no ofrecer nada que merezca la atención, sin embargo nos acercan a las últimas horas de Jesús. Nos encontramos con Jesús en el Monte de los olivos, en la soledad desgarradora de Getsemaní, en la necesidad que siente de retirarse a orar, de entender la vida a la luz de la fe. Se percibe un aire enrarecido por la entrega de un amigo con un beso y la negación de Pedro. Jesús no encuentra ni con quién rezar ni con quién llorar. Invita a sus amigos a orar «para no caer en la tentación». Pero los discípulos duermen porque carecen de luz.

Jesús, en medio de esta confusión, reza, de rodillas, con el rostro en tierra, mientras la costumbre era hacer oración de pie y con los brazos abiertos. Siente «tristeza hasta la muerte» (Mc 14,34). Se dirige al Padre: «Padre, si es posible, que pase de mí este cáliz» (Mt 26,39).

Oración

Concédenos, Dios todopoderoso, que, quienes desfallecemos a causa de nuestra debilidad, encontremos aliento en la pasión de tu Hijo unigénito. Él, que vive y reina contigo en la unidad del Espíritu Santo y es Dios por los siglos de los siglos.

La Palabra de Dios

PRIMERA LECTURA
Isaías 42,1-7

Mirad a mi siervo, a quien sostengo; mi elegido, en quien me complazco. He puesto mi espíritu sobre él, manifestará la justicia a las naciones. No gritará, no clamará, no voceará por las calles. La caña cascada no la quebrará, la mecha vacilante no la apagará. Manifestará la justicia con verdad. No vacilará ni se quebrará, hasta implantar la justicia en el país. En su ley esperan las islas. Esto dice el Señor, Dios, que crea y despliega los cielos, consolidó la tierra con su vegetación, da el respiro al pueblo que la habita y el aliento a quienes caminan por ella: «Yo, el Señor, te he llamado en mi justicia, te cogí de la mano, te formé e hice de ti alianza de un pueblo y luz de las naciones, para que abras los ojos de los ciegos, saques a los cautivos de la cárcel, de la prisión a los que habitan en tinieblas»

SALMO RESPONSORIAL
Salmo 26,1bcde.2.3.13-14 (R.: 1b)
R. *El Señor es mi luz y mi salvación.*

El Señor es mi luz y mi salvación,
¿a quién temeré?
El Señor es la defensa de mi vida,
¿quién me hará temblar? R.

Cuando me asaltan los malvados
para devorar mi carne,
ellos, enemigos y adversarios,
tropiezan y caen. R.

Si un ejército acampa contra mí,
mi corazón no tiembla;
si me declaran la guerra,
me siento tranquilo. R.

Espero gozar de la dicha del Señor
en el país de la vida.
Espera en el Señor, sé valiente,
ten ánimo, espera en el Señor. R.

EVANGELIO

Juan 12,1-11

Seis días antes de la Pascua, fue Jesús a Betania, donde vivía Lázaro, a quien había resucitado de entre los muertos. Allí le ofrecieron una cena; Marta servía, y Lázaro era uno de los que estaban con él a la mesa. María tomó una libra de perfume de nardo, auténtico y costoso, le ungió a Jesús los pies y se los enjugó con su cabellera. Y la casa se llenó de la fragancia del perfume. Judas Iscariote, uno de sus discípulos, el que lo iba a entregar, dice: «¿Por qué no se ha vendido este perfume por trescientos denarios para dárselos a los pobres?». Esto lo dijo no porque le importasen los pobres, sino porque era un ladrón; y como tenía la bolsa, se llevaba de lo que iban echando. Jesús dijo: «Déjala; lo tenía guardado para el día de mi sepultura; porque a los pobres los tenéis siempre con vosotros, pero a mí no siempre me tenéis». Una muchedumbre de judíos se enteró de que estaba allí y fueron no solo por Jesús, sino también para ver a Lázaro, al que había resucitado de entre los muertos. Los sumos sacerdotes decidieron matar también a Lázaro, porque muchos judíos, por su causa, se les iban y creían en Jesús.

Reflexión

El texto del libro de Isaías de la primera lectura (Is 42,1-7) es uno de los pasajes más comentados del Antiguo Testamento y se conoce como el *Libro de la Consolación*. Es también un canto, y los cantos se usan en los evangelios y en algunos escritos neo-testamentarios, como el de la Carta a los filipenses (2,6-12) para interpretar la pasión de Jesús, presen-tándola como abajamiento-exaltación; cuanto más se abaja, tanto más es exaltado por Dios. Para noso-tros, el abajamiento es pensar y actuar conforme a nuestra condición humana: el término «humano» procede de *humus,* tierra, fragilidad, vulnerabilidad. Es seguir el ejemplo de Jesús que, «siendo de condi-ción divina, se humilló» y mediante la humillación nos redimió.

En esta lectura emerge una nueva figura de hombre que se abaja y se pone al servicio de los demás, gratuitamente, sin servirse de ellos; no recurre a la fuerza, sino al don de sí. La palabra «siervo» no hay que entenderla como esclavo: ni está condenado a trabajos forzados, ni es un simple colaborador. Es un elegido, lo cual significa una predilección y una llamada especiales, un plan divino particular. En él se concentran muchas personalidades del Antiguo Testamento: siervo, elegido, hombre del Espíritu, como los reyes, los profetas, pero en la novedad de un trabajo humilde de ministerio, más preocupado por dirigirse a las conciencias que al grupo en conjunto, empeñado en llevar adelante un programa sin dejarse abatir por las dificultades.

«La caña cascada no la quebrará, la mecha vacilante no la apagará» (Is 42,3; Mt 12,20), se refiere al siervo decidido a alcanzar los objetivos de su misión, lo específico de ella. La elección de una persona para «siervo» ha marcado siempre un giro en la historia de la salvación: Abrahán, Moisés, Josué, David. Cuando Dios llama es siempre para comunicar o como novedad, que va contra la tendencia de los hombres, los cuales por pereza o por egoísmo permanecen siempre tenazmente agarrados al pasado. Otra característica del siervo es que no comunica algo propio sino los dones divinos mediante una fidelidad absoluta al encargo recibido.

A continuación se reza el Padrenuestro y, dependiendo del tiempo del que uno disponga, por la tarde se puede rezar una o varias estaciones del Vía Crucis (pág. 147).

MARTES SANTO

El Martes Santo se continúan las celebraciones de la Semana Santa, en este día Jesús anticipa a sus discípulos la traición de Judas y las negaciones de Pedro. Seguimos acompañando a Jesús y reflexionando sobre su Pasión, muerte y Resurrección en su semana definitiva en este mundo, en la que se entregó por nosotros.

Ambientación

El Martes Santo está marcado por la Cena Pascual. Esa Cena que Jesús ha querido celebrar antes de su Pasión y muerte y que es un anticipo de la Cena íntima que se realiza en medio de acontecimientos cargados de tanta tensión y tanto dolor. Cena de fiesta a la que todos estamos invitados. Con este gesto, Jesús quiere recapitular todo el sentido de su vida y de la muerte que va a tener lugar. Es el testamento que nos deja: «hasta que Él vuelva», y sigue volviendo cada vez que nosotros renovamos el misterio de su entrega en la Eucaristía. La Cena no se comprende desligada de la Pasión y muerte de Jesús, donde él parte, reparte y comparte el pan de su cuerpo y el vino de su sangre hasta que vuelva.

El Pan partido es la cruz de Jesús, su sacrificio en obediencia amorosa al Padre. Si no hubiéramos tenido la última Cena, es decir, la anticipación ritual de su muerte, no habríamos podido comprender cómo la ejecución de su sentencia de muerte pudiera ser el acto de culto perfecto y agradable al Padre, el único y verdadero acto de culto. Unas horas más tarde, los apóstoles habrían podido ver en la cruz de Jesús, si hubieran soportado su peso, lo que significaba: «cuerpo entregado», «sangre derramada», y es de lo que hacemos memoria en la Eucaristía (*Desiderio desideravi*, 7).

Oración

Dios todopoderoso y eterno, concédenos participar de tal modo en las celebraciones de la Pasión del Señor, que merezcamos tu perdón. Por nuestro Señor Jesucristo, tu Hijo, que vive y reina contigo en la unidad del Espíritu Santo y es Dios por los siglos de los siglos.

La Palabra de Dios

PRIMERA LECTURA
Isaías 49,1-6

Escuchadme, islas; atended, pueblos lejanos: El Señor me llamó desde el vientre materno, de las entrañas de mi madre, y pronunció mi nombre.

Hizo de mi boca una espada afilada, me escondió en la sombra de su mano; me hizo flecha bruñida, me guardó en su aljaba y me dijo: «Tú eres mi siervo, Israel, por medio de ti me glorificaré». Y yo pensaba: «En vano me he cansado, en viento y en nada he gastado mis fuerzas». En realidad, el Señor defendía mi causa, mi recompensa la custodiaba Dios. Y ahora dice el Señor, el que me formó desde el vientre como siervo suyo, para que le devolviese a Jacob, para que le reuniera a Israel; he sido glorificado a los ojos de Dios. Y mi Dios era mi fuerza: «Es poco que seas mi siervo para restablecer las tribus de Jacob y traer de vuelta a los supervivientes de Israel. Te hago luz de las naciones, para que mi salvación alcance hasta el confín de la tierra».

SALMO RESPONSORIAL
Salmo 70,1-2.3-4a.5-6ab.15ab y 17 (R.: cf 15ab)
R. *Mi boca contará tu salvación, Señor.*

A ti, Señor, me acojo:
no quede yo derrotado para siempre.
Tú, que eres justo, líbrame y ponme a salvo,
inclina a mí tu oído y sálvame. R.

Sé tú mi roca de refugio,
el alcázar donde me salve,
porque mi peña y mi alcázar eres tú.
Dios mío, líbrame de la mano perversa. *R.*

Porque tú, Señor, fuiste mi esperanza
y mi confianza, Señor, desde mi juventud.
En el vientre materno ya me apoyaba en ti,
en el seno tú me sostenías. *R.*

Mi boca contará tu justicia,
y todo el día tu salvación.
Dios mío, me instruiste desde mi juventud,
y hasta hoy relato tus maravillas. *R.*

EVANGELIO
Juan 13,21-33.36-38
En aquel tiempo, estando Jesús a la mesa con sus discípulos, se turbó en su espíritu y dio testimonio diciendo: «En verdad, en verdad os digo: uno de vosotros me va a entregar». Los discípulos se miraron unos a otros perplejos, por no saber de quién lo decía. Uno de ellos, el que Jesús amaba, estaba reclinado a la mesa en el seno de Jesús. Simón

Pedro le hizo señas para que averiguase por quién lo decía. Entonces él, apoyándose en el pecho de Jesús, le preguntó: «Señor, ¿quién es?». Le contestó Jesús: «Aquel a quien yo le dé este trozo de pan untado». Y, untando el pan, se lo dio a Judas, hijo de Simón el Iscariote. Detrás del pan, entró en él Satanás. Entonces Jesús le dijo: «Lo que vas a hacer, hazlo pronto». Ninguno de los comensales entendió a qué se refería. Como Judas guardaba la bolsa, algunos suponían que Jesús le encargaba comprar lo necesario para la fiesta o dar algo a los pobres. Judas, después de tomar el pan, salió inmediatamente. Era de noche. Cuando salió, dijo Jesús: «Ahora es glorificado el Hijo del hombre, y Dios es glorificado en él. Si Dios es glorificado en él, también Dios lo glorificará en sí mismo: pronto lo glorificará. Hijitos, me queda poco de estar con vosotros. Me buscaréis, pero lo que dije a los judíos os lo digo ahora a vosotros: "Donde yo voy no podéis venir vosotros"». Simón Pedro le dijo: «Señor, ¿adónde vas?». Jesús le respondió: «Adonde yo voy no me puedes seguir ahora, me seguirás más tarde». Pedro replicó: «Señor, ¿por qué no puedo seguirte ahora? Daré mi vida por ti». Jesús le contestó: «¿Conque darás tu vida por mí? En verdad, en verdad te digo: no cantará el gallo antes de que me hayas negado tres veces».

Reflexión

La Eucaristía debe ser el punto de referencia de nuestra vida. Podemos extraer algunos temas para nuestra reflexión. Lo que Jesús realiza, lo hace en medio de una gran tristeza: por la traición de Judas y la negación de Pedro. Una Cena, que debería haber sido realizada en medio del amor y la paz, se halla ensombrecida por estos dos acontecimientos. Pero no es una despedida para siempre, es un anticipo de lo que un día acaecerá en el Reino, donde todos beberán del «vino nuevo». Jesús se identifica con el alimento básico: el pan y el vino. La naturaleza y la humanidad conjugadas. Jesús se entrega gratuita y desinteresadamente a favor de los demás mediante este gesto y nos invita a que también nosotros nos entreguemos por los demás.

La traición de Judas tiene una doble lectura: según algunos, se siente defraudado por Jesús. No es un triunfador sino un pobre hombre que termina su vida «derrotado» y no merece la pena seguir a un «fracasado»; otros piensan que le llevó a esto la avaricia, «tenía la bolsa y se llevaba lo que iban echando». Cuando Jesús es ungido con el perfume de gran valor, pensó que era un derroche y que podía haberse vendido y «dado a los pobres».

Lo que llama la atención es lo que el evangelista Juan pone de relieve: «Era de noche». La noche real y sobre todo la noche que reinaba en el interior del alma de Judas. Sin una luz superior, la de la fe, no es posible actuar. Pedro, por su parte, confía demasiado en sus fuerzas y le niega tres veces... pero sabe llorar su pecado. Dios perdona siempre. Judas y Pedro, en cuanto al pecado, la situación es igual; en lo que difieren es que Judas se desespera, mientras que Pedro se arrepiente y espera ser perdonado.

A continuación se reza el Padrenuestro y, dependiendo del tiempo del que uno disponga, por la tarde se puede rezar una o varias estaciones del Vía Crucis (pág. 147).

MIÉRCOLES SANTO

El Miércoles Santo nos acerca a las celebraciones del Triduo Pascual. Hoy concluye la Cuaresma y es el primer día de luto de la Iglesia. En este día, tradicionalmente, recordamos la traición de Judas, uno de los discípulos escogidos por Jesús. Sin embargo, la misericordia divina es más grande que nuestra debilidad.

Ambientación

Este día se caracteriza por ser «el día de la fiesta de los Ácimos», estrechamente unida a la «fiesta de Pascua». Por la tarde daba comienzo la semana durante la que había que comer pan ácimo, es decir, sin levadura, pero, sobre todo, «había que sacrificar la Pascua», inmolar el cordero pascual. Judas Iscariote había abandonado el grupo de los discípulos y se había pasado al grupo de los que deseaban acabar con Jesús. Les facilita el trabajo presentándose a ellos para negociar su entrega y el modo en que llevarlo a cabo. Ya tenemos el Cordero Pascual: Jesús.

Parece que lo que importa tanto a Judas como a los judíos es acabar con la vida de Jesús, pues el dinero casi no es relevante, ya que el Evangelio lo minimiza: «treinta monedas». Cuando el profeta Zacarías habla del salario, lo establece en «treinta siclos» (Zac 11,12).

Oración

Oh, Dios, que, para librarnos del poder del enemigo, quisiste que tu Hijo soportase por nosotros el suplicio de la cruz, concédenos a tus siervos alcanzar la gracia de la resurrección. Por nuestro Señor Jesucristo, tu Hijo, que vive y reina contigo en la unidad del Espíritu Santo y es Dios por los siglos de los siglos.

La Palabra de Dios

Primera lectura

Isaías 50,4-9a

El Señor Dios me ha dado una lengua de discípulo; para saber decir al abatido una palabra de aliento. Cada mañana me espabila el oído, para que escuche como los discípulos. El Señor Dios me abrió el oído; yo no resistí ni me eché atrás. Ofrecí la espalda a los que me golpeaban, las mejillas a los que mesaban mi barba; no escondí el rostro ante ultrajes y salivazos. El Señor Dios me ayuda, por eso no sentía los ultrajes; por eso endurecí el rostro como pedernal, sabiendo que no quedaría defraudado. Mi defensor está cerca, ¿quién pleiteará contra mí? Comparezcamos juntos,

¿quién me acusará? Que se acerque. Mirad, el Señor
Dios me ayuda, ¿quién me condenará?

SALMO RESPONSORIAL
Salmo 68,8-10.21-22.31 y 33-34 (R.: 14c y b)
R. *Señor, que me escuche tu gran bondad el día de tu favor.*

Por ti he aguantado afrentas,
la vergüenza cubrió mi rostro.
Soy un extraño para mis hermanos,
un extranjero para los hijos de mi madre.
Porque me devora el celo de tu templo,
y las afrentas con que te afrentan caen sobre mí. R.

La afrenta me destroza el corazón, y desfallezco.
Espero compasión, y no la hay;
consoladores, y no los encuentro.
En mi comida me echaron hiel,
para mi sed me dieron vinagre. R.

Alabaré el nombre de Dios con cantos,
proclamaré su grandeza con acción de gracias.
Miradlo, los humildes, y alegraos;
buscad al Señor, y revivirá vuestro corazón.

Que el Señor escucha a sus pobres,
no desprecia a sus cautivos. R.

Evangelio

Mateo 26,14-25

En aquel tiempo, uno de los Doce, llamado Judas Iscariote, fue a los sumos sacerdotes y les propuso: «¿Qué
estáis dispuestos a darme si os lo entrego?». Ellos se
ajustaron con él en treinta monedas de plata. Y desde
entonces andaba buscando ocasión propicia para
entregarlo. El primer día de los Ácimos se acercaron los
discípulos a Jesús y le preguntaron: «¿Dónde quieres
que te preparemos la cena de Pascua?». Él contestó:
«Id a la ciudad, a casa de quien vosotros sabéis, y
decidle: "El Maestro dice: mi hora está cerca; voy a
celebrar la Pascua en tu casa con mis discípulos"».
Los discípulos cumplieron las instrucciones de Jesús
y prepararon la Pascua. Al atardecer se puso a la mesa
con los Doce. Mientras comían dijo: «En verdad os
digo que uno de vosotros me va a entregar». Ellos,
muy entristecidos, se pusieron a preguntarle uno tras
otro: «¿Soy yo acaso, Señor?». Él respondió: «El que
ha metido conmigo la mano en la fuente, ese me va a
entregar. El Hijo del hombre se va como está escrito

de él; pero, ¡ay de aquel por quien el Hijo del hombre es entregado!, ¡más le valdría a ese hombre no haber nacido!». Entonces preguntó Judas, el que lo iba a entregar: «¿Soy yo acaso, Maestro?». Él respondió: «Tú lo has dicho».

Reflexión

Jesús es el verdadero Cordero Pascual. Los discípulos se acercan a Jesús para preguntarle dónde quiere que le preparen la Pascua.

Jesús es el que manda, el verdadero dueño y dominador de los acontecimientos, que él dispone detalladamente. Deben ir a la ciudad a casa de quien ya saben y decirle: «Deseo celebrar la Pascua en tu casa con mis discípulos». El banquete pascual es esencialmente comunitario. No se puede celebrar a solas, por eso Jesús lo quiere celebrar con sus discípulos.

¿De qué Pascua se trata? La del tiempo de Jesús. Él quiere que le digan al dueño de la casa: «Mi hora está cerca», que es una expresión típica de san Juan (cf 7,8) y que se refiere a la Pasión, muerte y Resurrección de Jesús. Ha llegado su hora, su Pascua, su paso de la muerte a la vida, de este mundo al Padre. Los evangelistas no nos hablan del Cordero Pascual, pues saben que esta conciencia de Jesús está ya consolidada en la Iglesia. El cordero antiguo ha dado paso al Cordero Nuevo. Comer el Cordero Pascual no es celebrar la salvación, sino que es partir juntos el pan y beber el cáliz, que son el cuerpo y la sangre de Cristo, porque «Cristo, nuestra Pascua, ha sido inmolado» (1Cor 5,7).

A continuación se reza el Padrenuestro y, dependiendo del tiempo del que uno disponga, por la tarde se puede rezar una o varias estaciones del Vía Crucis (pág. 147).

JUEVES SANTO
EN LA
CENA DEL SEÑOR

El Triduo Pascual (Jueves, Viernes y Sábado Santos) se inicia con la conmemoración de la última Cena. Jesús, la víspera de su Pasión, ofreció al Padre su cuerpo y su sangre bajo las especies del pan y del vino y, entregándolo como alimento a los apóstoles, les mandó perpetuar esta entrega en su memoria. El Jueves Santo es el día en el que el amor mantiene la esperanza: Jesús convoca a una cena de despedida, realizando gestos que serán garantía de su entrega y que nos deja en herencia. Nos promete su presencia siempre entre nosotros y nos invita a compartir (partir el pan) y comunicar (compartir el vino), dándonos un nuevo mandamiento: «Que os améis unos a otros como yo os he amado» (Jn 13,34). Jesús lava los pies a sus discípulos para darnos ejemplo: «El Hijo del hombre no ha venido a ser servido, sino a servir» (Mc 10,45).

Ambientación

Con el Jueves Santo comienza el Triduo Pascual y hoy celebramos, por la tarde, la Cena del Señor, la primera celebración cuya tradición más antigua recoge san Pablo en la primera Carta a los corintios (11,23) y que ya es aceptada cuando él evangeliza Corinto hacia el año 50. Es una tradición que procede del Señor: «El Señor Jesús, en la noche en que iban a entregarlo», tomó primero pan y después el cáliz llenc de vino, y dijo: «Esto es mi cuerpo, este es el cáliz de mi sangre, haced esto en memoria mía». Por eso, cada vez que comemos este pan y bebemos este vino, anunciamos la muerte del Señor hasta que vuelva.

La celebración de la Cena del Jueves Santo no difiere de la Eucaristía que celebramos los demás días. Pero tiene un valor ejemplar, pues nos recuerda lo que el Señor hizo en la última Cena con sus discípulos; se añade «hoy» y se actualiza. Lo que Jesús hizo un día es siempre actual y nuevo, aunque se repita indefinidamente «hasta que vuelva». En cada Eucaristía acontece para nosotros, aquí y ahora, la salvación de Dios realizada desde el principio.

Oración

Oh, Dios, al celebrar la Cena santísima en la que tu Unigénito, cuando iba a entregarse a la muerte, confió a la Iglesia el sacrificio nuevo y eterno y el banquete de su amor, te pedimos alcanzar, de tan gran misterio, la plenitud de caridad y de vida. Por nuestro Señor Jesucristo, tu Hijo, que vive y reina contigo en la unidad del Espíritu Santo y es Dios por los siglos de los siglos.

La Palabra de Dios

PRIMERA LECTURA
Éxodo 12,1-8.11-14

En aquellos días, dijo el Señor a Moisés y a Aarón en tierra de Egipto: «Este mes será para vosotros el principal de los meses; será para vosotros el primer mes del año. Decid a toda la asamblea de los hijos de Israel: "El diez de este mes cada uno procurará un animal para su familia, uno por casa. Si la familia es demasiado pequeña para comérselo, que se junte con el vecino más próximo a su casa, hasta completar el número de personas; y cada uno comerá su parte hasta terminarlo. Será un animal sin defecto, macho, de un año; lo escogeréis entre los corderos o los cabritos. Lo guardaréis hasta el día catorce del mes y toda la asamblea de los hijos de Israel lo matará al atardecer". Tomaréis la sangre y rociaréis las dos jambas y el dintel de la casa donde lo comáis. Esa noche comeréis la carne, asada a fuego, y comeréis panes sin fermentar y hierbas amargas. Y lo comeréis así: la cintura ceñida, las sandalias en los pies, un bastón en la mano; y os lo comeréis a toda prisa, porque es la Pascua, el Paso del Señor. Yo pasaré esta noche por la tierra de Egipto y heriré a todos los primogénitos de la tierra de Egipto, desde los hombres hasta los ganados, y me tomaré justicia de todos los dioses de Egipto. Yo, el Señor. La sangre será vuestra señal en las casas donde habitáis. Cuando yo vea la sangre, pasaré de largo ante vosotros, y no habrá entre vosotros plaga exterminadora, cuando yo hiera a la tierra de Egipto. Este será un día memorable para vosotros; en él celebraréis fiesta en honor del Señor. De generación en generación, como ley perpetua lo festejaréis».

SALMO RESPONSORIAL
Salmo 115,12-13.15-16.17-18 (R.: cf 1Cor 10,16)
R. El cáliz de la bendición es comunión de la sangre de Cristo.

¿Cómo pagaré al Señor
todo el bien que me ha hecho?
Alzaré la copa de la salvación,
invocando el nombre del Señor. *R.*

Mucho le cuesta al Señor
la muerte de sus fieles.
Señor, yo soy tu siervo,
hijo de tu esclava:
rompiste mis cadenas. *R.*

Te ofreceré un sacrificio de alabanza,
invocando el nombre del Señor.
Cumpliré al Señor mis votos
en presencia de todo el pueblo. *R.*

SEGUNDA LECTURA
1 Corintios 11,23-26

Hermanos: Yo he recibido una tradición, que procede del Señor y que a mi vez os he transmitido: que el Señor Jesús, en la noche en que iba a ser entregado, tomó pan y, pronunciando la Acción de Gracias, lo partió y dijo: «Esto es mi cuerpo, que se entrega por vosotros. Haced esto en memoria mía». Lo mismo hizo con el cáliz, después de cenar, diciendo: «Este cáliz es la nueva alianza en mi sangre; haced esto cada vez que lo bebáis, en memoria mía». Por eso, cada vez que coméis de este pan y bebéis del cáliz, proclamáis la muerte del Señor, hasta que vuelva.

EVANGELIO
Juan 13,1-15

Antes de la fiesta de la Pascua, sabiendo Jesús que había llegado su hora de pasar de este mundo al Padre, habiendo amado a los suyos que estaban en el mundo, los amó hasta el extremo. Estaban cenando; ya el diablo había suscitado en el corazón de Judas, hijo de Simón Iscariote, la intención de entregarlo; y Jesús, sabiendo que el Padre había puesto todo en sus manos, que venía de Dios y a Dios volvía, se levanta de la cena, se quita el manto y, tomando una toalla, se la ciñe; luego echa agua en la jofaina y se pone a lavarles los pies a los discípulos, secándoselos con la toalla que se había ceñido. Llegó a Simón Pedro, y este le dice: «Señor, ¿lavarme los pies tú a mí?». Jesús le replicó: «Lo que yo hago, tú no lo entiendes ahora, pero lo comprenderás más tarde». Pedro le dice: «No me lavarás los pies jamás». Jesús le contestó: «Si no te lavo, no tienes parte conmigo». Simón Pedro le dice: «Señor, no solo los pies, sino también las manos y la cabeza». Jesús le dice: «Uno que se ha bañado no necesita lavarse más que los pies, porque todo él está limpio. También vosotros estáis limpios, aunque no todos». Porque sabía quién lo iba a entregar, por eso dijo: «No todos estáis limpios». Cuando acabó de lavarles los pies, tomó el manto, se lo puso otra vez y les dijo: «¿Comprendéis lo que he hecho con vosotros? Vosotros me llamáis "el Maestro" y "el Señor", y decís bien, porque lo soy. Pues si yo, el Maestro y el Señor, os he lavado los pies, también vosotros debéis lavaros los pies unos a otros: os he dado ejemplo para que lo que yo he hecho con vosotros, vosotros también lo hagáis».

Reflexión

Son las últimas horas que Jesús pasa con sus discípulos y les explica lo que será de ellos en el futuro. Es la hora de la despedida y se caracteriza por el conocimiento y el amor de Jesús. Sabe que es inminente su Pasión, que ha llegado su hora: vuelve al Padre y sabe cuál es su camino y su meta; es la hora en que muestra su amor y su cumplimiento hasta el punto culminante.

Para los judíos la Pascua era la fiesta de la liberación de la esclavitud, lo que les posibilita convertirse en pueblo. Jesús lleva a cabo esta liberación sustrayéndonos del pecado y de la muerte y dándonos la plena comunión con Dios. Esto lo muestra lavándoles los pies a los discípulos.

El lavatorio de los pies tiene un doble significado: por una parte, el servicio insustituible que Jesús nos ofrece y, por otra, el modo como debemos comportarnos unos con otros. Nos muestra su amor. Nos insta a seguir su ejemplo: «Pues el Hijo del Hombre no ha venido para ser servido sino para servir y dar la propia vida en rescate por muchos» (Mc 10,45).

El Papa Francisco, en su homilía del 14 de abril de 2022, decía:

Es importante hacer todo sin interés: uno sirve al otro, uno es hermano del otro, uno hace crecer al otro, uno corrige al otro, y así las cosas hacen avanzar. Para servir. Y luego, el corazón de Jesús que le dice al traidor: «Amigo» y también lo espera, hasta el final: lo perdona todo. Me gustaría poner esto en el corazón de todos nosotros hoy, en el mío también: ¡Dios lo perdona todo y Dios siempre perdona! Somos nosotros los que nos cansamos de pedir perdón. Y cada uno de nosotros, tal vez, tiene algo ahí, en su corazón, [...] algún pequeño esqueleto escondido en el armario. Pero, pídele perdón a Jesús: Él lo perdona todo. Solo quiere nuestra confianza para pedir perdón.

A continuación se reza el Padrenuestro y, dependiendo del tiempo del que uno disponga, por la tarde se puede rezar una o varias estaciones del Vía Crucis (pág. 147).

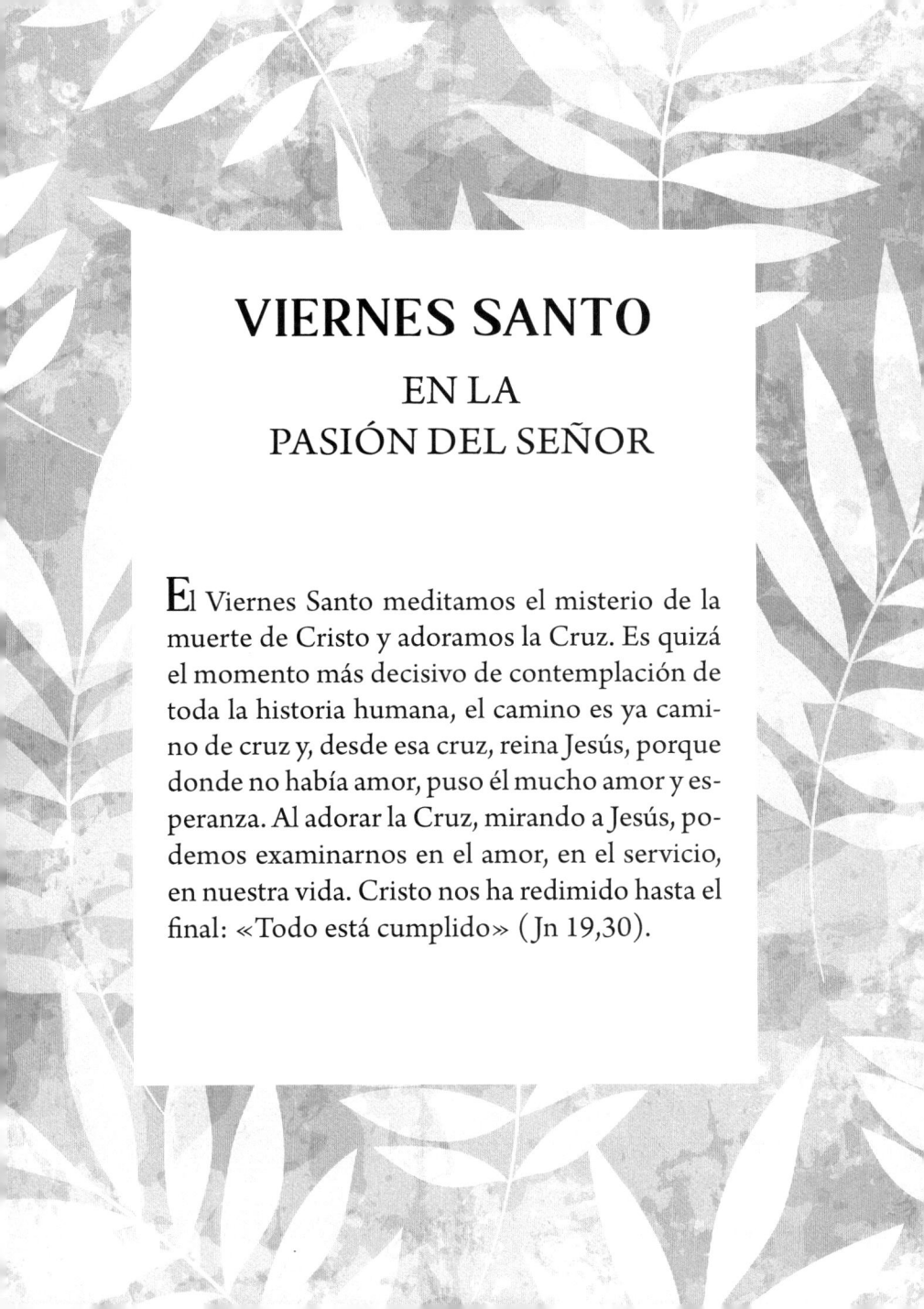

VIERNES SANTO

EN LA
PASIÓN DEL SEÑOR

El Viernes Santo meditamos el misterio de la muerte de Cristo y adoramos la Cruz. Es quizá el momento más decisivo de contemplación de toda la historia humana, el camino es ya camino de cruz y, desde esa cruz, reina Jesús, porque donde no había amor, puso él mucho amor y esperanza. Al adorar la Cruz, mirando a Jesús, podemos examinarnos en el amor, en el servicio, en nuestra vida. Cristo nos ha redimido hasta el final: «Todo está cumplido» (Jn 19,30).

Ambientación

La celebración de este día comienza con un momento de oración silenciosa en el altar y después el celebrante pronuncia la siguiente oración: «Recuerda, Señor, tus misericordias, y santifica a tus siervos con tu eterna protección, pues Jesucristo, tu Hijo, por medio de su sangre, instituyó en su favor el Misterio pascual. Él, que vive y reina contigo».

La celebración del Viernes Santo tiene tres partes: la liturgia de la palabra, con la oración universal; la adoración de la Cruz, y la liturgia de la comunión.

Jesús, el Cristo, es entronizado junto a Dios como «sumo sacerdote», que, por su obediencia, «se ha convertido para todos los que le obedecen en autor de la salvación eterna» (Heb 4,14-16; 5,7-9).

Con la mirada levantada hacia Cristo crucificado, el «sumo sacerdote que ha atravesado el cielo», la asamblea de los fieles dirige a Dios todopoderoso una oración universal vibrante y confiada, siguiendo el ejemplo de Jesús, «que es el intercesor absoluto y reza por los otros, reza por todos, también por aquellos que lo condenan» (Papa Francisco), porque no saben lo que hacen.

Oración

Oh, Dios, que por la pasión de tu Hijo, nuestro Señor Jesucristo, has destruido la muerte, herencia del antiguo pecado que alcanza a toda la humanidad, concédenos que, semejantes a él, llevemos la imagen del hombre celestial por la acción santificadora de tu gracia, así como hemos llevado grabada la imagen del hombre terreno por exigencia de la naturaleza. Por nuestro Señor Jesucristo.

La Palabra de Dios

PRIMERA LECTURA
Isaías 52,13–53,12
Mirad, mi siervo tendrá éxito, subirá y crecerá mucho. Como muchos se espantaron de él porque desfigurado no parecía hombre, ni tenía aspecto humano, así asombrará a muchos pueblos, ante él los reyes

cerrarán la boca, al ver algo inenarrable y comprender algo inaudito. ¿Quién creyó nuestro anuncio?; ¿a quién se reveló el brazo del Señor? Creció en su presencia como brote, como raíz en tierra árida, sin figura, sin belleza. Lo vimos sin aspecto atrayente, despreciado y evitado de los hombres, como un hombre de dolores, acostumbrado a sufrimientos, ante el cual se ocultaban los rostros, despreciado y desestimado. Él soportó nuestros sufrimientos y aguantó nuestros dolores; nosotros lo estimamos leproso, herido de Dios y humillado; pero él fue traspasado por nuestras rebeliones, triturado por nuestros crímenes. Nuestro castigo saludable cayó sobre él, sus cicatrices nos curaron. Todos errábamos como ovejas, cada uno siguiendo su camino; y el Señor cargó sobre él todos nuestros crímenes. Maltratado, voluntariamente se humillaba y no abría la boca: como cordero llevado al matadero, como oveja ante el esquilador, enmudecía y no abría la boca. Sin defensa, sin justicia, se lo llevaron, ¿quién se preocupará de su estirpe? Lo arrancaron de la tierra de los vivos, por los pecados de mi pueblo lo hirieron. Le dieron sepultura con los malvados y una tumba con los malhechores, aunque no había cometido crímenes ni hubo engaño en su boca. El Señor quiso triturarlo con el sufrimiento, y entregar su vida como expiación: verá su descendencia, prolongará sus años, lo que el Señor quiere prosperará por su mano. Por los trabajos de su alma verá la luz, el justo se saciará de conocimiento. Mi siervo justificará a muchos, porque cargó con los crímenes de ellos. Le daré una multitud como parte, y tendrá como despojo una muchedumbre. Porque expuso su vida a la muerte y fue contado entre los pecadores, él tomó el pecado de muchos e intercedió por los pecadores.

SALMO RESPONSORIAL
Salmo 30,2 y 6.12-13.15-16.17 y 25 (R.: Lc 23,46)
R. Padre, a tus manos encomiendo mi espíritu.

A ti, Señor, me acojo:
no quede yo nunca defraudado;
tú, que eres justo, ponme a salvo.
A tus manos encomiendo mi espíritu:
tú, el Dios leal, me librarás. *R.*

Soy la burla de todos mis enemigos,
la irrisión de mis vecinos,

el espanto de mis conocidos:
me ven por la calle y escapan de mí.
Me han olvidado como a un muerto,
me han desechado como a un cacharro inútil. *R.*

Pero yo confío en ti, Señor;
te digo: «Tú eres mi Dios».
En tus manos están mis azares:
líbrame de mis enemigos que me persiguen. *R.*

Haz brillar tu rostro sobre tu siervo,
sálvame por tu misericordia.
Sed fuertes y valientes de corazón
los que esperáis en el Señor. *R.*

SEGUNDA LECTURA
Hebreos 4,14-16; 5,7-9
Hermanos: Ya que tenemos un sumo sacerdote grande que ha atravesado el cielo, Jesús, Hijo de Dios, mantengamos firme la confesión de fe. No tenemos un sumo sacerdote incapaz de compadecerse de nuestras debilidades, sino que ha sido probado en todo, como nosotros, menos en el pecado. Por eso, comparezcamos confiados ante el trono de la gracia, para alcanzar

misericordia y encontrar gracia para un auxilio oportuno. Cristo, en efecto, en los días de su vida mortal, a gritos y con lágrimas, presentó oraciones y súplicas al que podía salvarlo de la muerte, siendo escuchado por su piedad filial. Y, aun siendo Hijo, aprendió, sufriendo, a obedecer. Y, llevado a la consumación, se convirtió, para todos los que lo obedecen, en autor de salvación eterna.

EVANGELIO
Juan 18,1-19,42

C. En aquel tiempo, salió Jesús con sus discípulos al otro lado del torrente Cedrón, donde había un huerto, y entraron allí él y sus discípulos. Judas, el que lo iba a entregar, conocía también el sitio, porque Jesús se reunía a menudo allí con sus discípulos. Judas entonces, tomando una cohorte y unos guardias de los sumos sacerdotes y de los fariseos, entró allá con faroles, antorchas y armas. Jesús, sabiendo todo lo que venía sobre él, se adelantó y les dijo: + «¿A quién buscáis?». C. Le contestaron: S. «A Jesús, el Nazareno». C. Les dijo Jesús: + «Yo soy». C. Estaba también con ellos Judas, el que lo iba a entregar. Al decirles: «Yo soy», retrocedieron y cayeron a tierra. Les preguntó

otra vez: + «¿A quién buscáis?». C. Ellos dijeron:
S. «A Jesús, el Nazareno». C. Jesús contestó: + «Os
he dicho que soy yo. Si me buscáis a mí, dejad mar-
char a estos». C. Y así se cumplió lo que había dicho:
«No he perdido a ninguno de los que me diste». Entonces Simón Pedro, que llevaba una espada, la sacó e
hirió al criado del sumo sacerdote, cortándole la oreja
derecha. Este criado se llamaba Malco. Dijo entonces
Jesús a Pedro: + «Mete la espada en la vaina. El cáliz
que me ha dado mi Padre, ¿no lo voy a beber?». C. La
cohorte, el tribuno y los guardias de los judíos prendieron a Jesús, lo ataron y lo llevaron primero a Anás,
porque era suegro de Caifás, sumo sacerdote aquel
año; Caifás era el que había dado a los judíos este
consejo: «Conviene que muera un solo hombre por
el pueblo». Simón Pedro y otro discípulo seguían a
Jesús. Este discípulo era conocido del sumo sacerdote
y entró con Jesús en el palacio del sumo sacerdote,
mientras Pedro se quedó fuera a la puerta. Salió el
otro discípulo, el conocido del sumo sacerdote, habló
a la portera e hizo entrar a Pedro. La criada portera
dijo entonces a Pedro: S. «¿No eres tú también de los
discípulos de ese hombre?». C. Él dijo: S. «No lo
soy». C. Los criados y los guardias habían encendido

un brasero, porque hacía frío, y se calentaban. También Pedro estaba con ellos de pie, calentándose. El sumo sacerdote interrogó a Jesús acerca de sus discípulos y de su doctrina. Jesús le contestó: + «Yo he hablado abiertamente al mundo; yo he enseñado continuamente en la sinagoga y en el templo, donde se reúnen todos los judíos, y no he dicho nada a escondidas. ¿Por qué me preguntas a mí? Pregunta a los que me han oído de qué les he hablado. Ellos saben lo que yo he dicho». C. Apenas dijo esto, uno de los guardias que estaba allí le dio una bofetada a Jesús, diciendo: S. «¿Así contestas al sumo sacerdote?». C. Jesús respondió: + «Si he faltado al hablar, muestra en qué he faltado; pero si he hablado como se debe, ¿por qué me pegas?». C. Entonces Anás lo envió atado a Caifás, sumo sacerdote. Simón Pedro estaba de pie, calentándose, y le dijeron: S. «¿No eres tú también de sus discípulos?». C. Él lo negó, diciendo: S. «No lo soy». C. Uno de los criados del sumo sacerdote, pariente de aquel a quien Pedro le cortó la oreja, le dijo: S. «¿No te he visto yo en el huerto con él?». C. Pedro volvió a negar, y enseguida cantó un gallo. Llevaron a Jesús de casa de Caifás al pretorio. Era el amanecer, y ellos no entraron en el pretorio para no incurrir en impureza y poder así comer la Pascua. Salió Pilato afuera, adonde estaban ellos, y dijo: S. «¿Qué acusación presentáis contra este hombre?». C. Le contestaron: S. «Si este no fuera un malhechor, no te lo entregaríamos». C. Pilato les dijo: S. «Lleváoslo vosotros y juzgadlo según vuestra ley». C. Los judíos le dijeron: S. «No estamos autorizados para dar muerte a nadie». C. Y así se cumplió lo que había dicho Jesús, indicando de qué muerte iba a morir. Entró otra vez Pilato en el pretorio, llamó a Jesús y le dijo: S. «¿Eres tú el rey de los judíos?». C. Jesús le contestó: + «¿Dices eso por tu cuenta o te lo han dicho otros de mí?». C. Pilato replicó: S. «¿Acaso soy yo judío? Tu gente y los sumos sacerdotes te han entregado a mí; ¿qué has hecho?». C. Jesús le contestó: + «Mi reino no es de este mundo. Si mi reino fuera de este mundo, mi guardia habría luchado para que no cayera en manos de los judíos. Pero mi reino no es de aquí». C. Pilato le dijo: S. «Entonces, ¿tú eres rey?». C. Jesús le contestó: + «Tú lo dices: soy rey. Yo para esto he nacido y para esto he venido al mundo: para dar testimonio de la verdad. Todo el que es de la verdad escucha mi voz». C. Pilato le dijo: S. «Y, ¿qué es la verdad?». C. Dicho esto, salió otra vez adonde estaban los judíos y les dijo: S. «Yo no encuentro en él ninguna culpa. Es costumbre entre vosotros que por Pascua ponga a uno en libertad. ¿Queréis que os suelte al rey de los judíos?». C. Volvieron a gritar: S. «A ese no, a Barrabás». C. El tal Barrabás era un bandido. Entonces Pilato tomó a Jesús y lo mandó azotar. Y los soldados trenzaron una corona de espinas, se la pusieron en la cabeza y le echaron por encima un manto color púrpura; y, acercándose a él, le decían: S. «¡Salve, rey de los judíos!». C. Y le daban bofetadas. Pilato salió otra vez afuera y les dijo: S. «Mirad, os lo saco afuera para que sepáis que no encuentro en él ninguna culpa». C. Y salió Jesús afuera, llevando la corona de espinas y el manto color púrpura. Pilato les dijo: S. «He aquí al hombre». C. Cuando lo vieron los sumos sacerdotes y los guardias, gritaron: S. «¡Crucifícalo, crucifícalo!». C. Pilato les dijo: S. «Lleváoslo vosotros y crucificadlo, porque yo no encuentro culpa en él». C. Los judíos le contestaron: S. «Nosotros tenemos una ley, y según esa ley tiene que morir, porque se ha hecho Hijo de Dios». C. Cuando Pilato oyó estas palabras, se asustó aún más. Entró otra vez en el pretorio y dijo a Jesús: S. «¿De dónde eres tú?». C. Pero Jesús no le dio respuesta. Y Pilato le dijo:

S. «¿A mí no me hablas? ¿No sabes que tengo autoridad para soltarte y autoridad para crucificarte?». C. Jesús le contestó: + «No tendrías ninguna autoridad sobre mí si no te la hubieran dado de lo alto. Por eso el que me ha entregado a ti tiene un pecado mayor». C. Desde este momento Pilato trataba de soltarlo, pero los judíos gritaban: S. «Si sueltas a ese, no eres amigo del César. Todo el que se hace rey está contra el César». C. Pilato entonces, al oír estas palabras, sacó afuera a Jesús y se sentó en el tribunal, en el sitio que llaman «el Enlosado» (en hebreo *"Gábbata"*). Era el día de la Preparación de la Pascua, hacia el mediodía. Y dijo Pilato a los judíos: S. «He aquí a vuestro rey». C. Ellos gritaron: S. «¡Fuera, fuera; crucifícalo!». C. Pilato les dijo: S. «¿A vuestro rey voy a crucificar?». C. Contestaron los sumos sacerdotes: S. «No tenemos más rey que al César». C. Entonces se lo entregó para que lo crucificaran. Tomaron a Jesús, y, cargando él mismo con la cruz, salió al sitio llamado «de la Calavera» (que en hebreo se dice *"Gólgota"*), donde lo crucificaron; y con él a otros dos, uno a cada lado, y en medio, Jesús. Y Pilato escribió un letrero y lo puso encima de la cruz; en él estaba escrito: «Jesús, el Nazareno, el rey de los judíos». Leyeron el letrero muchos judíos, porque estaba cerca el lugar donde crucificaron a Jesús, y estaba escrito en hebreo, latín y griego. Entonces los sumos sacerdotes de los judíos dijeron a Pilato: S. «No escribas "El rey de los judíos", sino: "Este ha dicho: soy el rey de los judíos"». C. Pilato les contestó: S. «Lo escrito, escrito está». C. Los soldados, cuando crucificaron a Jesús, cogieron su ropa, haciendo cuatro partes, una para cada soldado, y apartaron la túnica. Era una túnica sin costura, tejida toda de una pieza de arriba abajo. Y se dijeron: S. «No la rasguemos, sino echémosla a suerte, a ver a quién le toca». C. Así se cumplió la Escritura: «Se repartieron mis ropas y echaron a suerte mi túnica». Esto hicieron los soldados. Junto a la cruz de Jesús estaban su madre, la hermana de su madre, María, la de Cleofás, y María, la Magdalena. Jesús, al ver a su madre y junto a ella al discípulo al que amaba, dijo a su madre: + «Mujer, ahí tienes a tu hijo». C. Luego, dijo al discípulo: + «Ahí tienes a tu madre». C. Y desde aquella hora, el discípulo la recibió como algo propio. Después de esto, sabiendo Jesús que ya todo estaba cumplido, para que se cumpliera la Escritura, dijo: + «Tengo sed». C. Había allí un jarro lleno de vinagre. Y, sujetando una esponja empapada en vinagre a una caña de hisopo, se la acercaron a la boca. Jesús, cuando tomó el vinagre, dijo: + «Está cumplido». C. E, inclinando la cabeza, entregó el espíritu. Los judíos entonces, como era el día de la Preparación, para que no se quedaran los cuerpos en la cruz el sábado, porque aquel sábado era un día grande, pidieron a Pilato que les quebraran las piernas y que los quitaran. Fueron los soldados, le quebraron las piernas al primero y luego al otro que habían crucificado con él; pero al llegar a Jesús, viendo que ya había muerto, no le quebraron las piernas, sino que uno de los soldados, con la lanza, le traspasó el costado, y al punto salió sangre y agua. El que lo vio da testimonio, y su testimonio es verdadero, y él sabe que dice verdad, para que también vosotros creáis. Esto ocurrió para que se cumpliera la Escritura: «No le quebrarán un hueso»; y en otro lugar la Escritura dice: «Mirarán al que traspasaron». Después de esto, José de Arimatea, que era discípulo de Jesús aunque oculto por miedo a los judíos, pidió a Pilato que le dejara llevarse el cuerpo de Jesús. Y Pilato lo autorizó. Él fue entonces y se llevó el cuerpo. Llegó también Nicodemo, el que había ido a verlo de noche, y trajo unas cien libras de una mixtura de mirra y áloe. Tomaron el cuerpo de Jesús y lo envolvieron en los lienzos con los aromas, según se acostumbra a enterrar entre los judíos. Había un huerto en el sitio donde lo crucificaron, y en el huerto, un sepulcro nuevo donde nadie había sido enterrado todavía. Y como para los judíos era el día de la Preparación, y el sepulcro estaba cerca, pusieron allí a Jesús.

Reflexión

El texto de la segunda lectura de la Carta a los hebreos nos presenta a Cristo como el sumo y auténtico Sacerdote del Nuevo Testamento. Sin embargo, esta condición suya no implicaba ninguna clase de privilegio, «sino que ha sido probado en todo exactamente como nosotros, menos en el pecado». Incluso no fue escuchado en su petición de ser liberado de aquella clase de muerte, sometiéndose a la voluntad del Padre. En esto es modelo de los ministros del Evangelio.

Este pasaje de la Carta a los hebreos no es un comentario a la primera lectura del oráculo del libro de Isaías que se ha leído anteriormente, pero ambos textos son colocados uno frente al otro y sirven para iluminar el misterio de Cristo y de la Pascua celebrada el Viernes Santo.

Jesús, el Hijo de Dios, ha pasado por la prueba como nosotros, no porque fuera pecador, sino con el fin de obtenernos a nosotros el perdón, la gracia de Dios. Al aceptar libremente la misión de Redentor que el Padre le había confiado y que él había aceptado, «se ha convertido para todos los que le obedecen en autor de la salvación eterna». Al traspasar el velo de la muerte, ha entrado de una vez para siempre en el santuario del cielo.

Él es «el sumo sacerdote» no en virtud de su pertenencia a una estirpe sacerdotal o como consecuencia de una ordenación recibida por manos de hombre, sino porque en su persona Dios y el hombre están indisolublemente unidos. Además, ha ofrecido a Dios el sacrificio perfecto de su obediencia. Por eso podemos acercarnos «con seguridad al trono de la gracia, con la certeza de ser escuchados cuando oramos al Padre por Jesucristo, nuestro Señor».

Como afirma el Papa Francisco:

Jesús reza en las horas decisivas de la pasión y de la muerte. Y con la resurrección el Padre responderá a la oración. La oración de Jesús es intensa, la oración de Jesús es única y se convierte también en el modelo de nuestra oración. Jesús ha rezado por todos, ha rezado también por mí, por cada uno de vosotros. Cada uno de nosotros puede decir: «Jesús, en la cruz, ha rezado por mí». Ha rezado. Jesús puede decir a cada uno de nosotros: «He rezado por ti en la última Cena y en el madero de la Cruz». Incluso en el más doloroso de nuestros sufrimientos, nunca estamos solos. La oración de Jesús está con nosotros (*Audiencia general*, 16 de junio de 2021).

Así como la Iglesia en este día dirige su oración por todos, también nosotros hemos de aprender a dirigir nuestra oración por todos nuestros hermanos, en comunión con ellos, con la Iglesia y movidos por el Espíritu Santo, pues «donde dos o más están reunidos en mi nombre, allí estoy yo en medio de ellos» (Mt 18,20).

A continuación se reza el Padrenuestro y, dependiendo del tiempo del que uno disponga, por la tarde se puede rezar una o varias estaciones del Vía Crucis (pág. 147).

SÁBADO SANTO

DE LA
SEPULTURA DEL SEÑOR

El Sábado Santo se manifiesta el dolor de Cristo, que es también el dolor de la Iglesia. Todo está envuelto en un silencio lleno de sentido, el sagrario está vacío, la Iglesia peregrina permanece junto al sepulcro del Señor esperando en oración lo que él prometió: su santa Resurrección. El Sábado Santo la Iglesia se identifica con María, nuestra Madre: toda su fe está recogida en ella, la primera y perfecta discípula, la primera y perfecta creyente. Ella permanece esperando contra toda esperanza en la Resurrección de Jesús. En la Vigilia Pascual resuena el «Aleluya» y celebramos a Cristo Resucitado. Esta es una noche santa de espera vigilante en honor de nuestro Señor. En ella la Iglesia nos entrega la luz del Resucitado, que nos guía en la oscuridad y nos invita a hacerlo todo nuevo.

Ambientación

El Sábado Santo es un día especial dentro del Año litúrgico. Las iglesias y los altares se despojan de sus ornamentos habituales, el sagrario se queda vacío y no tiene lugar ninguna celebración litúrgica, nada más que la Liturgia de las Horas.

Lo que ha sucedido el Viernes Santo ha constituido una tragedia para los seguidores de Jesús. Sus años de seguimiento y los ideales que se habían forjado han caído por tierra a primera vista. Jesús ha muerto y de un modo ignominioso. Surge en ellos la pregunta: «¿Ha servido para algo todo lo que les había dicho? ¿Ha sido un impostor? ¿Habrá valido todo esto la pena?». Es un día para la reflexión, para que los ánimos se sosieguen y se preparen para recibir lo que va a venir.

Es el momento de reflexionar sobre el dolor, el mal, el sufrimiento y encontrar la luz en medio de tanto sinsentido con que a veces se presenta. Es también una oportunidad para acompañar a la Santísima Virgen María en la soledad de su Hijo.

Oración

En esta noche santa, en que nuestro Señor Jesucristo ha pasado de la muerte a la vida, la Iglesia invita a todos sus hijos, diseminados por el mundo, a que se reúnan para velar en oración. Si recordamos así la Pascua del Señor, escuchando su palabra y celebrando sus misterios, podremos esperar tener parte en su triunfo sobre la muerte y vivir con él en Dios.

La Palabra de Dios

Las siguientes lecturas se utilizan todos los años en la Vigilia Pascual, a excepción del Evangelio, que es propio para cada año del ciclo dominical. En esta Vigilia, «Madre de todas las vigilias», deben leerse al menos tres lecturas del Antiguo Testamento, de las siete que se proponen, con sus respectivos salmos responsoriales, además de la Epístola y el Evangelio.

Primera lectura
Génesis 1,1–2,2

Al principio creó Dios el cielo y la tierra. La tierra estaba informe y vacía; la tiniebla cubría la superficie del abismo, mientras el espíritu de Dios se cernía sobre la faz de las aguas. Dijo Dios: «Exista la luz». Y la luz existió. Vio Dios que la luz era buena. Y separó Dios la luz de la tiniebla. Llamó Dios a la luz «día» y a la tiniebla llamó «noche». Pasó una tarde, pasó una mañana: el día primero. Y dijo Dios: «Exista un firmamento entre las aguas, que separe aguas de aguas». E hizo Dios el firmamento y separó las aguas de debajo del firmamento de las aguas de encima del firmamento. Y así fue. Llamó Dios al firmamento «cielo». Pasó una tarde, pasó una mañana: el día segundo. Dijo Dios: «Júntense las aguas de debajo del cielo en un solo sitio, y que aparezca lo seco». Y así fue. Llamó Dios a lo seco «tierra», y a la masa de las aguas llamó «mar». Y vio Dios que era bueno. Dijo Dios: «Cúbrase la tierra de verdor, de hierba verde que engendre semilla, y de árboles frutales que den fruto según su especie y que lleven semilla sobre la tierra». Y así fue. La tierra brotó hierba verde que engendraba semilla según su especie, y árboles que daban fruto y llevaban semilla según su especie. Y vio Dios que era bueno. Pasó una tarde, pasó una mañana: el día tercero. Dijo Dios: «Existan lumbreras en el firmamento del cielo, para separar el día de la noche, para señalar las fiestas, los días y los años, y sirvan de lumbreras en el firmamento del cielo, para iluminar sobre la tierra». Y así fue. E hizo Dios dos lumbreras grandes: la lumbrera mayor para regir el día, la lumbrera menor para regir la noche; y las estrellas. Dios las puso en el firmamento del cielo para iluminar la tierra, para regir el día y la noche y para separar la luz de la tiniebla. Y vio Dios que era bueno. Pasó una tarde, pasó una mañana: el día cuarto. Dijo Dios: «Bullan las aguas de seres vivientes, y vuelen los pájaros sobre la tierra frente al firmamento del cielo». Y creó Dios los grandes cetáceos y los seres vivientes que se deslizan y que las aguas fueron produciendo según sus especies, y las aves aladas según sus especies. Y vio Dios que era bueno. Luego los bendijo Dios, diciendo: «Sed fecundos y multiplicaos, llenad las aguas del mar; y que las aves se multipliquen en la tierra». Pasó una tarde, pasó una mañana: el día quinto. Dijo Dios: «Produzca la tierra seres vivientes según sus especies: ganados, reptiles y fieras según sus especies». Y así fue. E hizo Dios las fieras según sus especies, los ganados según sus especies y los reptiles según sus especies. Y vio Dios que era bueno. Dijo Dios: «Hagamos al hombre a nuestra imagen y semejanza; que domine los peces del mar, las aves del cielo, los ganados y los reptiles de la tierra». Y creó Dios al hombre a su imagen, a imagen de Dios lo creó, varón y mujer los creó. Dios los bendijo; y les dijo Dios: «Sed fecundos y multiplicaos, llenad la tierra y sometedla; dominad los peces del mar, las aves del cielo y todos los animales que se mueven sobre la tierra». Y dijo Dios: «Mirad, os entrego todas las hierbas que engendran semilla sobre la superficie de la tierra y todos los árboles frutales que engendran semilla: os servirán de alimento. Y la hierba verde servirá de alimento a todas las fieras de la tierra, a todas las aves del cielo, a todos los reptiles de la tierra y a todo ser que respira». Y así fue. Vio Dios todo lo que había hecho, y era muy bueno. Pasó una tarde, pasó una mañana: el día sexto. Así quedaron concluidos el cielo, la tierra y todo el universo. Y habiendo concluido el día séptimo la obra que había hecho, descansó el día séptimo de toda la obra que había hecho.

Salmo responsorial
Salmo 103, 1-2a.5-6.10 y 12.13-14.24 y 35c (R.: cf 30)
R. *Envía tu espíritu, Señor, y repuebla la faz de la tierra.*

Bendice, alma mía, al Señor:
¡Dios mío, qué grande eres!
Te vistes de belleza y majestad,
la luz te envuelve como un manto. *R.*

Asentaste la tierra sobre sus cimientos,
y no vacilará jamás;
la cubriste con el manto del océano,
y las aguas se posaron sobre las montañas. *R.*

De los manantiales sacas los ríos,
para que fluyan entre los montes;
junto a ellos habitan las aves del cielo,
y entre las frondas se oye su canto. *R.*

Desde tu morada riegas los montes,
y la tierra se sacia de tu acción fecunda;
haces brotar hierba para los ganados,
y forraje para los que sirven al hombre.
Él saca pan de los campos. *R.*

Cuántas son tus obras, Señor,
y todas las hiciste con sabiduría;
la tierra está llena de tus criaturas.
¡Bendice, alma mía, al Señor! *R.*

SEGUNDA LECTURA

Génesis 22,1-18

En aquellos días, Dios puso a prueba a Abrahán. Le dijo: «¡Abrahán!». Él respondió: «Aquí estoy». Dios dijo: «Toma a tu hijo único, al que amas, a Isaac, y vete a la tierra de Moria y ofrécemelo allí en holocausto en uno de los montes que yo te indicaré». Abrahán madrugó, aparejó el asno y se llevó consigo a dos criados y a su hijo Isaac; cortó leña para el holocausto y se encaminó al lugar que le había indicado Dios. Al tercer día levantó Abrahán los ojos y divisó el sitio desde lejos. Abrahán dijo a sus criados: «Quedaos aquí con el asno; yo con el muchacho iré hasta allá para adorar, y después volveremos con vosotros». Abrahán tomó la leña para el holocausto, se la cargó a su hijo Isaac, y él llevaba el fuego y el cuchillo. Los dos caminaban juntos. Isaac dijo a Abrahán, su padre: «Padre». Él respondió: «Aquí estoy, hijo mío». El muchacho dijo: «Tenemos fuego y leña, pero, ¿dónde está el cordero para el holocausto?». Abrahán contestó: «Dios proveerá el cordero para el holocausto, hijo mío». Y siguieron caminando juntos. Cuando llegaron al sitio que le había dicho Dios, Abrahán levantó allí el altar y apiló la leña, luego ató a su hijo Isaac y lo puso sobre el altar, encima de la leña. Entonces Abrahán alargó la mano y tomó el cuchillo para degollar a su hijo. Pero el ángel del Señor le gritó desde el cielo: «¡Abrahán, Abrahán!». Él contestó: «Aquí estoy». El ángel le ordenó: «No alargues la mano contra el muchacho ni le hagas nada. Ahora he comprobado que temes a Dios, porque no te has reservado a tu hijo, a tu único hijo». Abrahán levantó los ojos y vio un carnero enredado por los cuernos en la maleza. Se acercó, tomó el carnero y lo ofreció en holocausto en lugar de su hijo. Abrahán llamó aquel sitio «El Señor ve», por lo que se dice aún hoy «En el monte el Señor es visto». El ángel del Señor llamó a Abrahán por segunda vez desde el cielo y le dijo: «Juro por mí mismo, oráculo del Señor: por haber hecho esto, por no haberte reservado tu hijo, tu hijo único, te colmaré de bendiciones y multiplicaré a tus descendientes como las estrellas del cielo y como la arena de la playa. Tus descendientes conquistarán las puertas de sus enemigos. Todas las naciones de la tierra se bendecirán con tu descendencia, porque has escuchado mi voz».

SALMO RESPONSORIAL

Salmo 15,5 y 8.9-10.11 (R.: 1)

R. *Protégeme, Dios mío, que me refugio en ti.*

El Señor es el lote de mi heredad y mi copa,
mi suerte está en tu mano.
Tengo siempre presente al Señor,
con él a mi derecha no vacilaré. R.

Por eso se me alegra el corazón,
se gozan mis entrañas,
y mi carne descansa esperanzada.
Porque no me abandonarás en la región
de los muertos
ni dejarás a tu fiel ver la corrupción. R.

Me enseñarás el sendero de la vida,
me saciarás de gozo en tu presencia,
de alegría perpetua a tu derecha. R.

TERCERA LECTURA

Éxodo 14,15–15,1a

En aquellos días, el Señor dijo a Moisés: «¿Por qué
sigues clamando a mí? Di a los hijos de Israel que

se pongan en marcha. Y tú, alza tu cayado, extiende tu mano sobre el mar y divídelo, para que los hijos de Israel pasen por medio del mar, por lo seco. Yo haré que los egipcios se obstinen y entren detrás de vosotros, y me cubriré de gloria a costa del faraón y de todo su ejército, de sus carros y de sus jinetes. Así sabrán los egipcios que yo soy el Señor, cuando me haya cubierto de gloria a costa del faraón, de sus carros y de sus jinetes». Se puso en marcha el ángel del Señor, que iba al frente del ejército de Israel, y pasó a retaguardia. También la columna de nube, que iba delante de ellos, se desplazó y se colocó detrás, poniéndose entre el campamento de los egipcios y el campamento de Israel. La nube era tenebrosa y transcurrió toda la noche sin que los ejércitos pudieran aproximarse el uno al otro. Moisés extendió su mano sobre el mar y el Señor hizo retirarse el mar con un fuerte viento del este que sopló toda la noche; el mar se secó y se dividieron las aguas. Los hijos de Israel entraron en medio del mar, en lo seco, y las aguas les hacían de muralla a derecha e izquierda. Los egipcios los persiguieron y entraron tras ellos, en medio del mar: todos los caballos del faraón, sus carros y sus jinetes. Era ya la vigilia matutina cuando el Señor miró desde la columna de fuego y humo hacia el ejército de los egipcios y sembró el pánico en el ejército egipcio. Trabó las ruedas de sus carros, haciéndolos avanzar pesadamente. Los egipcios dijeron: «Huyamos ante Israel, porque el Señor lucha por él contra Egipto». Luego dijo el Señor a Moisés: «Extiende tu mano sobre el mar, y vuelvan las aguas sobre los egipcios, sus carros y sus jinetes». Moisés extendió su mano sobre el mar; y al despuntar el día el mar recobró su estado natural, de modo que los egipcios, en su huida, toparon con las aguas. Así precipitó el Señor a los egipcios en medio del mar. Las aguas volvieron y cubrieron los carros, los jinetes y todo el ejército del faraón, que había entrado en el mar. Ni uno solo se salvó. Mas los hijos de Israel pasaron en seco por medio del mar, mientras las aguas hacían de muralla a derecha e izquierda. Aquel día salvó el Señor a Israel del poder de Egipto, e Israel vio a los egipcios muertos, en la orilla del mar. Vio, pues, Israel la mano potente que el Señor había desplegado contra los egipcios, y temió el pueblo al Señor, y creyó en el Señor y en Moisés, su siervo. Entonces Moisés y los hijos de Israel entonaron este canto al Señor:

Éxodo 15,1b-2.3-4.5-6.17-18 (R.: 1b)

R. Cantaré al Señor, gloriosa es su victoria.

Cantaré al Señor, gloriosa es su victoria,
caballos y carros ha arrojado en el mar.
Mi fuerza y mi poder es el Señor,
Él fue mi salvación.
Él es mi Dios: yo lo alabaré;
el Dios de mis padres: yo lo ensalzaré. *R.*

El Señor es un guerrero,
su nombre es «El Señor».
Los carros del faraón los lanzó al mar,
ahogó en el mar Rojo a sus mejores capitanes. *R.*

Las olas los cubrieron,
bajaron hasta el fondo como piedras.
Tu diestra, Señor, es magnífica en poder,
tu diestra, Señor, tritura al enemigo. *R.*

Lo introduces y lo plantas en el monte de tu heredad,
lugar del que hiciste tu trono, Señor;
santuario, Señor, que fundaron tus manos.
El Señor reina por siempre jamás. *R.*

CUARTA LECTURA

Isaías 54,5-14

Quien te desposa es tu Hacedor: su nombre es Señor todopoderoso. Tu libertador es el Santo de Israel: se llama «Dios de toda la tierra». Como a mujer abandonada y abatida te llama el Señor; como a esposa de juventud, repudiada –dice tu Dios–. Por un instante te abandoné, pero con gran cariño te reuniré. En un arrebato de ira, por un instante te escondí mi rostro, pero con amor eterno te quiero –dice el Señor, tu libertador–. Me sucede como en los días de Noé: juré que las aguas de Noé no volverían a cubrir la tierra; así juro no irritarme contra ti ni amenazarte. Aunque los montes cambiasen y vacilaran las colinas, no cambiaría mi amor, ni vacilaría mi alianza de paz –dice el Señor que te quiere–. ¡Ciudad afligida, azotada por el viento, a quien nadie consuela! Mira, yo mismo asiento tus piedras sobre azabaches, tus cimientos sobre zafiros; haré tus almenas de rubí, tus puertas de esmeralda, y de piedras preciosas tus bastiones. Tus hijos serán discípulos del Señor, gozarán de gran prosperidad tus constructores. Tendrás tu fundamento en la justicia: lejos de la opresión, no tendrás que temer; lejos del terror, que no se acercará.

SALMO RESPONSORIAL

Salmo 29,2 y 4.5-6.11 y 12a y 13b (R.: 2a)

R. Te ensalzaré, Señor, porque me has librado.

Te ensalzaré, Señor, porque me has librado
y no has dejado que mis enemigos se rían de mí.
Señor, sacaste mi vida del abismo,
me hiciste revivir cuando bajaba a la fosa. *R.*

Tañed para el Señor, fieles suyos,
celebrad el recuerdo de su nombre santo;
su cólera dura un instante;
su bondad, de por vida;
al atardecer nos visita el llanto;
por la mañana, el júbilo. *R.*

Escucha, Señor, y ten piedad de mí;
Señor, socórreme.
Cambiaste mi luto en danzas.
Señor, Dios mío, te daré gracias por siempre. *R.*

QUINTA LECTURA

Isaías 55,1-11

Esto dice el Señor: «Sedientos todos, acudid por agua;
venid, también los que no tenéis dinero: comprad trigo

y comed, venid y comprad, sin dinero y de balde, vino y leche. ¿Por qué gastar dinero en lo que no alimenta y el salario en lo que no da hartura? Escuchadme atentos y comeréis bien, saborearéis platos sustanciosos. Inclinad vuestro oído, venid a mí: escuchadme y viviréis. Sellaré con vosotros una alianza perpetua, las misericordias firmes hechas a David: lo hice mi testigo para los pueblos, guía y soberano de naciones. Tú llamarás a un pueblo desconocido, un pueblo que no te conocía correrá hacia ti; porque el Señor, tu Dios, el Santo de Israel, te glorifica. Buscad al Señor mientras se deja encontrar, invocadlo mientras está cerca. Que el malvado abandone su camino, y el malhechor sus planes; que se convierta al Señor, y él tendrá piedad, a nuestro Dios, que es rico en perdón. Porque mis planes no son vuestros planes, vuestros caminos no son mis caminos –oráculo del Señor–. Cuanto dista el cielo de la tierra, así distan mis caminos de los vuestros, y mis planes de vuestros planes. Como bajan la lluvia y la nieve desde el cielo, y no vuelven allá sino después de empapar la tierra, de fecundarla y hacerla germinar, para que dé semilla al sembrador y pan al que come, así será mi palabra que sale de mi boca: no volverá a mí vacía, sino que cumplirá mi deseo y llevará a cabo mi encargo».

Isaías 12,2-3.4bcde.5-6 (R.: 3)
R. Sacaréis aguas con gozo de las fuentes de la salvación.

«Él es mi Dios y Salvador:
confiaré y no temeré,
porque mi fuerza y mi poder es el Señor,
él fue mi salvación».
Y sacaréis aguas con gozo
de las fuentes de la salvación. *R.*

«Dad gracias al Señor,
invocad su nombre,
contad a los pueblos sus hazañas,
proclamad que su nombre es excelso». *R.*

Tañed para el Señor, que hizo proezas,
anunciadlas a toda la tierra;
gritad jubilosos, habitantes de Sion,
porque es grande en medio de ti el Santo de Israel. *R.*

SEXTA LECTURA

Baruc 3,9-15.32–4,4

Escucha, Israel, mandatos de vida; presta oído y aprende prudencia. ¿Cuál es la razón, Israel, de que sigas en país enemigo, envejeciendo en tierra extranjera; de que te crean un ser contaminado, un muerto habitante del Abismo? ¡Abandonaste la fuente de la sabiduría! Si hubieras seguido el camino de Dios, habitarías en paz para siempre. Aprende dónde está la prudencia, dónde el valor y la inteligencia, dónde una larga vida, la luz de los ojos y la paz. ¿Quién encontró su lugar o tuvo acceso a sus tesoros? El que todo lo sabe la conoce, la ha examinado y la penetra; el que creó la tierra para siempre y la llenó de animales cuadrúpedos; el que envía la luz y le obedece, la llama y acude temblorosa; a los astros que velan gozosos arriba en sus puestos de guardia, los llama, y responden: «Presentes», y brillan gozosos para su Creador. Este es nuestro Dios, y no hay quien se le pueda comparar; rastreó el camino de la inteligencia y se lo enseñó a su hijo, Jacob, se lo mostró a su amado, Israel. Después apareció en el mundo y vivió en medio de los hombres. Es el libro de los mandatos de Dios, la ley de validez eterna: los que la guarden vivirán; los que la abandonen morirán. Vuélvete, Jacob, a recibirla, amina al resplandor de su luz; no entregues a otros tu gloria, ni tu dignidad a un pueblo extranjero. ¡Dichosos nosotros, Israel, que conocemos lo que agrada al Señor!

SALMO RESPONSORIAL
Salmo 18,8.9.10.11 (R.: Jn 6,68c)
R. Señor, tú tienes palabras de vida eterna.

La ley del Señor es perfecta
y es descanso del alma;
el precepto del Señor es fiel
e instruye a los ignorantes. *R.*

Los mandatos del Señor son rectos
y alegran el corazón;
la norma del Señor es límpida
y da luz a los ojos. *R.*

El temor del Señor es puro
y eternamente estable;
los mandamientos del Señor son verdaderos
y enteramente justos. *R.*

Más preciosos que el oro,
más que el oro fino;
más dulces que la miel
de un panal que destila. R.

Séptima lectura
Ezequiel 36,16-17a.18-28

Me vino esta palabra del Señor: «Hijo de hombre, la casa de Israel profanó con su conducta y sus acciones la tierra en que habitaba. Me enfurecí contra ellos, por la sangre que habían derramado en el país, y por haberlo profanado con sus ídolos. Los dispersé por las naciones, y anduvieron dispersos por diversos países. Los he juzgado según su conducta y sus acciones. Al llegar a las diversas naciones, profanaron mi santo nombre, ya que de ellos se decía: "Estos son el pueblo del Señor y han debido abandonar su tierra". Así que tuve que defender mi santo nombre, profanado por la casa de Israel entre las naciones adonde había ido. Por eso, di a la casa de Israel: "Esto dice el Señor Dios: No hago esto por vosotros, casa de Israel, sino por mi santo nombre, profanado por vosotros en las naciones a las que fuisteis. Manifestaré la santidad de mi gran nombre, profanado entre los gentiles, porque vosotros lo habéis profanado en medio de ellos. Reconocerán las naciones que yo soy el Señor –oráculo del Señor Dios–, cuando por medio de vosotros les haga ver mi santidad. Os recogeré de entre las naciones, os reuniré de todos los países y os llevaré a vuestra tierra. Derramaré sobre vosotros un agua pura que os purificará: de todas vuestras inmundicias e idolatrías os he de purificar; y os daré un corazón nuevo, y os infundiré un espíritu nuevo; arrancaré de vuestra carne el corazón de piedra, y os daré un corazón de carne. Os infundiré mi espíritu, y haré que caminéis según mis preceptos, y que guardéis y cumpláis mis mandatos. Y habitaréis en la tierra que di a vuestros padres. Vosotros seréis mi pueblo, y yo seré vuestro Dios"».

SALMO RESPONSORIAL
Salmo 41,3.5cdef; 42,3.4 (R.: 41,2)
R. *Como busca la cierva corrientes de agua, así mi alma te busca a ti, Dios mío.*

Mi alma tiene sed de Dios, del Dios vivo:
¿cuándo entraré a ver el rostro de Dios? R.

Cómo entraba en el recinto santo,
cómo avanzaba hacia la casa de Dios
entre cantos de júbilo y alabanza,
en el bullicio de la fiesta. *R.*

Envía tu luz y tu verdad:
que ellas me guíen
y me conduzcan hasta tu monte santo,
hasta tu morada. *R.*

Me acercaré al altar de Dios,
al Dios de mi alegría,
y te daré gracias al son de la cítara,
Dios, Dios mío. *R.*

EPÍSTOLA

Romanos 6,3-11

Hermanos: Cuantos fuimos bautizados en Cristo Jesús fuimos bautizados en su muerte. Por el bautismo fuimos sepultados con él en la muerte, para que, lo mismo que Cristo resucitó de entre los muertos por la gloria del Padre, así también nosotros andemos en una vida nueva. Pues si hemos sido incorporados a él en una muerte como la suya, lo seremos también en una resurrección como la suya; sabiendo que nuestro hombre viejo fue crucificado con Cristo, para que fuera destruido el cuerpo de pecado, y, de este modo, nosotros dejáramos de servir al pecado; porque quien muere ha quedado libre del pecado. Si hemos muerto con Cristo, creemos que también viviremos con él; pues sabemos que Cristo, una vez resucitado de entre los muertos, ya no muere más; la muerte ya no tiene dominio sobre él. Porque quien ha muerto, ha muerto al pecado de una vez para siempre; y quien vive, vive para Dios. Lo mismo vosotros, consideraos muertos al pecado y vivos para Dios en Cristo Jesús.

Salmo responsorial

Salmo 117,1-2.16-17.22-23

R. *Aleluya, aleluya, aleluya.*

Dad gracias al Señor porque es bueno,
porque es eterna su misericordia.
Diga la casa de Israel:
eterna es su misericordia. R.

«La diestra del Señor es poderosa,
la diestra del Señor es excelsa».

No he de morir, viviré
para contar las hazañas del Señor. *R.*

La piedra que desecharon los arquitectos
es ahora la piedra angular.
Es el Señor quien lo ha hecho,
ha sido un milagro patente. *R.*

EVANGELIO

Año A

Mateo 28,1-10

Pasado el sábado, al alborear el primer día de la semana, fueron María la Magdalena y la otra María a ver
el sepulcro. Y de pronto tembló fuertemente la tierra,
pues un ángel del Señor, bajando del cielo y acercándose, corrió la piedra y se sentó encima. Su aspecto
era de relámpago y su vestido blanco como la nieve;
los centinelas temblaron de miedo y quedaron como
muertos. El ángel habló a las mujeres: «Vosotras no
temáis, ya sé que buscáis a Jesús el crucificado. No
está aquí: ¡ha resucitado!, como había dicho. Venid
a ver el sitio donde yacía e id aprisa a decir a sus discípulos: "Ha resucitado de entre los muertos y va por
delante de vosotros a Galilea. Allí lo veréis". Mirad,

os lo he anunciado». Ellas se marcharon a toda prisa del sepulcro; llenas de miedo y de alegría corrieron a anunciarlo a los discípulos. De pronto, Jesús les salió al encuentro y les dijo: «Alegraos». Ellas se acercaron, le abrazaron los pies y se postraron ante él. Jesús les dijo: «No temáis: id a comunicar a mis hermanos que vayan a Galilea; allí me verán».

Año B
Marcos 16,1-7

Pasado el sábado, María Magdalena, María la de Santiago y Salomé compraron aromas para ir a embalsamar a Jesús. Y muy temprano, el primer día de la semana, al salir el sol, fueron al sepulcro. Y se decían unas a otras: «¿Quién nos correrá la piedra de la entrada del sepulcro?». Al mirar, vieron que la piedra estaba corrida y eso que era muy grande. Entraron en el sepulcro y vieron a un joven sentado a la derecha, vestido de blanco. Y quedaron aterradas. Él les dijo: «No tengáis miedo. ¿Buscáis a Jesús el Nazareno, el crucificado? Ha resucitado. No está aquí. Mirad el sitio donde lo pusieron. Pero id a decir a sus discípulos y a Pedro: "Él va por delante de vosotros a Galilea. Allí lo veréis, como os dijo"».

Año C

Lucas 24,1-12

El primer día de la semana, de madrugada, las mujeres fueron al sepulcro llevando los aromas que habían
preparado. Encontraron corrida la piedra del sepulcro. Y, entrando, no encontraron el cuerpo del Señor
Jesús. Mientras estaban desconcertadas por esto, se
les presentaron dos hombres con vestidos refulgen-
tes. Ellas quedaron despavoridas y con las caras mirando al suelo y ellos les dijeron: «¿Por qué buscáis
entre los muertos al que vive? No está aquí. Ha resucitado. Recordad cómo os habló estando todavía
en Galilea, cuando dijo que el Hijo del hombre tiene
que ser entregado en manos de hombres pecadores,
ser crucificado y al tercer día resucitar». Y recordaron
sus palabras. Habiendo vuelto del sepulcro, anunciaron todo esto a los Once y a todos los demás. Eran
María la Magdalena, Juana y María, la de Santiago.
También las demás, que estaban con ellas, contaban
esto mismo a los apóstoles. Ellos lo tomaron por un
delirio y no las creyeron. Pedro, sin embargo, se levantó y fue corriendo al sepulcro. Asomándose, ve solo
los lienzos. Y se volvió a su casa, admirándose de lo
sucedido.

Reflexión

Quejarse es humano y no debemos avergonzarnos de ser hombres o mujeres débiles. Lo natural es temblar ante la desgracia que se avecina o la amenaza que se cierne sobre nuestras cabezas. El miedo es tan necesario como el valor o la «parresía»: es decir, la valentía y la libertad en el hablar y en el obrar.

Sí, tenemos miedo a la cruz cuando esta se nos presenta en forma de enfermedad, contrariedad, dificultad. Decía Jesús que «el espíritu está pronto, pero la carne es débil» (Mt 26,41). El mismo Señor, que cargó con nuestros pecados, no se nos reveló ni menos hombre ni menos Dios, cuando sudó sangre en el huerto de los Olivos, que cuando se transfiguró en el Tabor. Cristo fue el mismo, cuando gritó su abandono en el madero de la cruz que cuando salió triunfante del sepulcro.

Todo esto forma parte de la paradoja de la cruz. Por eso, lo auténticamente cristiano es saber encajarla, asumirla, abrazarse a ella con la confianza vuelta hacia el Padre. No es necesario ir a buscar la cruz, viene ella sola. Nos sorprende. Entra en nuestra vida sin previo aviso. Nos descoloca y casi siempre nos desborda. Saber aceptar la voluntad de Dios, encajando miedos y debilidades, forma parte de la sabiduría del Padrenuestro: Hágase tu voluntad en nuestra vida: la tuya, Señor, no la nuestra.

Los brazos abiertos. Y los ojos puestos en el rostro amoroso del Padre. Aunque el cuerpo –debilidad, fragilidad– tiemble y la razón no entienda. María Santísima ha perdido a su Hijo y a cambio nos ha recibido a nosotros, pobres pecadores. Que seamos hijos suyos.

A continuación se reza el Padrenuestro y es un día propicio para rezar con tiempo todas las estaciones del Vía Crucis (pág. 147).

DOMINGO DE PASCUA

DE LA
RESURRECCIÓN DEL SEÑOR

El Domingo de Pascua vuelve a resonar el «Aleluya», celebramos a Cristo Resucitado, centro y fin de la historia, y esperamos su regreso cuando la Pascua tenga su plena manifestación. La Pascua es la culminación de la espera de la Resurrección de nuestro Señor: «La resurrección de Cristo es el comienzo de una nueva vida para todos los hombres y mujeres, porque la verdadera renovación comienza siempre desde el corazón, desde la conciencia. Pero la Pascua es también el comienzo de un mundo nuevo, liberado de la esclavitud del pecado y de la muerte: el mundo al fin se abrió al Reino de Dios, Reino de amor, de paz y de fraternidad» (Papa Francisco, *Mensaje Urbi et orbi*, 21 de abril de 2019).

Ambientación

La frase que llena la mañana de este día es: ¡Cristo ha resucitado! ¡Aleluya! ¡Alegría! Por la Resurrección de Jesús, Dios pone las cosas en su sitio: el mal, el pecado, la injusticia, tienen su espacio en el mundo, pero no tienen la última palabra, es siempre la penúltima. Se impone la justicia, el bien y el amor. El pecado no tiene la última palabra, sino el amor.

Con la Resurrección de Jesús, nuestra vida se divide en dos tiempos: el presente, que se desarrolla en medio de las pruebas y tribulaciones de la vida; y el otro, el futuro, en el que gozaremos de la seguridad y alegría perpetuas. Son los tiempos de antes y de después de la Pascua. Por tanto, antes de Pascua celebramos lo mismo que ahora vivimos; después de Pascua, celebramos y significamos lo que aún no poseemos. Por esto, en aquel primer tiempo nos ejercitamos en ayunos y oraciones; en el segundo, el que ahora celebramos, descansamos de los ayunos y lo empleamos todo en la alabanza. Esto significa el aleluya que cantamos.

Oración

Oh, Dios, que en este día, vencida la muerte, nos has abierto las puertas de la eternidad por medio de tu Unigénito, concede, a quienes celebramos la solemnidad de la resurrección del Señor, que, renovados por tu Espíritu, resucitemos a la luz de la vida. Por nuestro Señor Jesucristo, tu Hijo, que vive y reina contigo en la unidad del Espíritu Santo y es Dios por los siglos de los siglos.

La Palabra de Dios

PRIMERA LECTURA

Hechos 10,34a.37-43

En aquellos días, Pedro tomó la palabra y dijo: «Vosotros conocéis lo que sucedió en toda Judea, comenzando por Galilea, después del bautismo que predicó Juan. Me refiero a Jesús de Nazaret, ungido por Dios con la fuerza del Espíritu Santo, que pasó haciendo el bien y curando a todos los oprimidos por el diablo, porque Dios estaba con él. Nosotros somos testigos de todo lo que hizo en la tierra de los judíos y en Jerusalén. A este lo mataron, colgándolo de un madero. Pero Dios lo resucitó al tercer día y le concedió la gracia de manifestarse, no a todo el pueblo, sino a los testigos designados por Dios: a nosotros, que hemos comido y bebido con él después de su resurrección de entre los muertos. Nos encargó predicar al pueblo, dando solemne testimonio de que Dios lo ha constituido juez de vivos y muertos. De él dan testimonio todos los profetas: que todos los que creen en él reciben, por su nombre, el perdón de los pecados».

SALMO RESPONSORIAL
Salmo 117,1-2.16-17.22-23 (R.: 24)

R. *Este es el día que hizo el Señor: sea nuestra alegría y nuestro gozo.*
O bien: *Aleluya.*

Dad gracias al Señor porque es bueno,
porque es eterna su misericordia.
Diga la casa de Israel:
eterna es su misericordia. R.

«La diestra del Señor es poderosa,
la diestra del Señor es excelsa».

No he de morir, viviré
para contar las hazañas del Señor. *R.*

La piedra que desecharon los arquitectos
es ahora la piedra angular.
Es el Señor quien lo ha hecho,
ha sido un milagro patente. *R.*

SEGUNDA LECTURA
Colosenses 3,1-4
Hermanos: Si habéis resucitado con Cristo, buscad los bienes de allá arriba, donde Cristo está sentado a la derecha de Dios; aspirad a los bienes de arriba, no a los de la tierra. Porque habéis muerto; y vuestra vida está con Cristo escondida en Dios. Cuando aparezca Cristo, vida vuestra, entonces también vosotros apareceréis gloriosos, juntamente con él.

EVANGELIO
Juan 20,1-9
El primer día de la semana, María la Magdalena fue al sepulcro al amanecer, cuando aún estaba oscuro, y vio la losa quitada del sepulcro. Echó a correr y fue donde estaban Simón Pedro y el otro discípulo, a quien Jesús

amaba, y les dijo: «Se han llevado del sepulcro al Señor y no sabemos dónde lo han puesto». Salieron Pedro y el otro discípulo camino del sepulcro. Los dos corrían juntos, pero el otro discípulo corría más que Pedro; se adelantó y llegó primero al sepulcro; e, inclinándose, vio los lienzos tendidos; pero no entró. Llegó también Simón Pedro detrás de él y entró en el sepulcro: vio los lienzos tendidos y el sudario con que le habían cubierto la cabeza, no con los lienzos, sino enrollado en un sitio aparte. Entonces entró también el otro discípulo, el que había llegado primero al sepulcro; vio y creyó. Pues hasta entonces no habían entendido la Escritura: que él había de resucitar de entre los muertos.

Reflexión

Propio de san Juan es hablar de las tinieblas, de la noche. Estas siempre significan la carencia de Cristo. Siempre connotan con la imperfección de la fe. La cantidad de aromas que llevan para embalsamar a Jesús supone un entierro regio. Juan es el primero que llega al sepulcro, pues corre más que Pedro. San Agustín dirá que «quien más ama, más corre».

Los dos discípulos son símbolo del carismático que llega primero, pero su experiencia necesita la confirmación de la autoridad. Remitiéndonos a nosotros mismos, hemos de pensar que la Resurrección de Cristo debe tener una repercusión en cada uno de nosotros para que sea eficaz. Por eso ofrezco una serie de pensamientos del Papa Francisco de la *Audiencia general* del 19 de abril de 2017:

> El cristianismo nace de aquí. No es una ideología, no es un sistema filosófico, sino que es un camino de fe que parte de un conocimiento, testimoniado por los primeros discípulos de Jesús.
>
> Aceptar que Cristo murió y murió crucificado, no es un acto de fe, es un hecho histórico. En cambio, creer que resucitó sí. Nuestra fe nace la mañana de Pascua.
>
> Ser cristianos significa no partir de la muerte, sino del amor de Dios por nosotros, que ha derrotado a nuestro acérrimo enemigo.

«Así pues, celebremos la Pascua, no con la levadura vieja (levadura de corrupción y de maldad), sino con los panes ácimos de la sinceridad y de la verdad» (1Cor 5,8). Los tiempos se han cumplido, porque todo ha cambiado con la Resurrección de Cristo. Pero esta tierra nueva no se nos ha dado llave en mano. Todos los días tenemos que vivir la esperanza y la historia se escribe cada día. La fe es un combate dado que se ve puesta a prueba por demasiados desarreglos y esperanzas fallidas, agredida por demasiadas decadencias. «¡He aquí que viene el día del Señor!». Este día está siempre viniendo. El tiempo cumplido es una Pascua continua, un paso y una invitación a la perseverancia. Invitación a entrar en la historia para vivir, dentro de ella, del fermento evangélico.

No es una tarea fácil. Si por una parte las murallas de nuestras seguridades muy humanas se derrumban, y si lo que para nosotros era de lo más sagrado se viene abajo, no escuchemos a los «profetas de calamidades». La benevolencia de Dios tiene la última palabra.

Sabremos si nuestra resurrección es verdadera si «buscamos las cosas de arriba, donde está Cristo sentado a la diestra de Dios; si pensamos en las cosas de arriba, no en las de la tierra. Vosotros habéis muerto, y vuestra vida está escondida en Dios» (Col 3,1-3).

«Echad fuera la vieja levadura para ser una masa nueva, puesto que sois panes sin levadura; porque Cristo, nuestro cordero pascual, ya ha sido inmolado. Así que celebremos la fiesta, no con levadura de malicia y de maldad, sino con panes sin levadura, panes de sinceridad y de verdad» (1 Cor 5,7-8).

A continuación, se reza el Padrenuestro y también un Avemaría dirigido a la Virgen María, madre de nuestro Señor Jesucristo y madre nuestra, que acompañó a su Hijo en todos los momentos importantes de su vida que celebramos durante la Semana Santa.

VÍA CRUCIS

PARA CRECER CON CRISTO

«El mensaje de la cruz es locura
para los que se pierden;
para los que se salvan
es fuerza de Dios».
(1Cor 1,18)

«Nosotros hemos de gloriarnos
en la cruz de nuestro Señor Jesucristo:
en él está nuestra salvación,
vida y resurrección;
él nos ha salvado y liberado».
(Gál 6,14)

PRIMERA ESTACIÓN

Jesús es condenado a muerte

El pecado de nuestros primeros padres, aquel por el que fueron expulsados del Paraíso, hizo que perdieran ellos y nosotros la gracia santificante y se instaló «el pecado en el mundo» (Jn 1,29); no fue por haber «comido la manzana», sino por un acto de soberbia: «Seréis como dioses, conoceréis el bien y el mal», lo que les hizo ceder ante la serpiente. La soberbia fue, y sigue siendo, la causa de todos los males de la sociedad y de todas las injusticias que asolan el mundo. Fue la causa de la condena de Jesús: «Conviene que uno muera en bien de todos».

V. *Te adoramos, oh Cristo, y te bendecimos.*
R. *Porque con tu cruz has redimido al mundo.*

Jesús, siendo inocente, acepta ser condenado injustamente. Qué poco valor tienen las alabanzas humanas. Ayer: «¡Bendito el que viene en el nombre del Señor!». Hoy: «¡Crucifícalo, crucifícalo!». ¿Qué valor concedo a las alabanzas o a los desprecios? La norma de conducta debe ser nuestra recta conciencia.

Jesús, eterna bondad del Padre, por tu amor y para el perdón de los pecados, acepto y te ofrezco las dificultades, obstáculos y contrariedades de mi vida. Señor, no se haga mi voluntad, sino la tuya.

Ten piedad de nosotros, Señor.
Ten piedad de nosotros.

Haz, santa Madre de Dios,
que las llagas del Señor
se impriman en mi corazón.
Cuya alma, triste y llorosa,
traspasada y dolorosa,
fiero cuchillo tenía.

Jesús carga con la cruz

En el madero de la cruz con el que Cristo carga contemplamos todos los pecados del mundo, las violencias, los egoísmos, las rebeliones, las infidelidades, las incoherencias... a la vez que creemos en el poder del amor de Jesús, que es capaz de abrazar a toda la humanidad y reconciliarla con Dios. Jesús muere por amor y en ningún momento de la vida nos deja solos.

V. *Te adoramos, oh Cristo, y te bendecimos.*
R. *Porque con tu cruz has redimido al mundo.*

Jesús carga la cruz sobre sus hombros. La cruz es el símbolo y la síntesis de todo sufrimiento humano. El nuestro y el que causamos a los demás. No podemos mirar hacia otra parte ante cualquier sufrimiento. Dios no se queda indiferente ante el dolor de sus hijos. El dolor está ahí. Luchemos por evitarlo.

Sí, quiero seguirte, Maestro divino, superando mis debilidades y aceptando mi cruz de cada día. Atráeme a ti, Señor. El camino es difícil, pero conduce al cielo. Me apoyaré en ti, que eres mi luz y mi fuerza.

Ten piedad de nosotros, Señor.
Ten piedad de nosotros.

Haz, santa Madre de Dios,
que las llagas del Señor
se impriman en mi corazón.
¡Oh cuán triste y cuán aflicta,
se vio la Madre bendita,
de tantos tormentos llena!

TERCERA ESTACIÓN
Jesús cae por primera vez

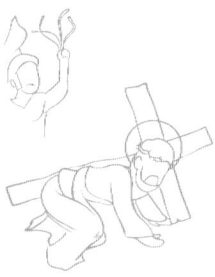

Con el profeta Baruc también nosotros suplicamos: «Escucha, Señor, ten piedad, porque hemos pecado contra ti» (3,2). Es una oración penitencial que llega al centro de nuestro ser. No pedimos ser escuchados porque hayamos hecho algo bueno o porque lo merezcamos, sino precisamente porque no somos dignos de ser escuchados. De ahí, la insistencia con que nos dirigimos a Dios: «Escucha las súplicas de los israelitas que ya murieron y las súplicas de los hijos de aquellos que pecaron contra ti» (3,4).

V. *Te adoramos, oh Cristo, y te bendecimos.*
R. *Porque con tu cruz has redimido al mundo.*

Son muchos los padecimientos soportados por Jesús:
la agonía en Getsemaní, la flagelación y la corona de
espinas, el ayuno. ¡Si es posible que pase de mí este
cáliz! Jesús sufre, como Dios y como hombre. ¡Santifica mi mente para que comprenda tu dolor! ¡Que no
te ofenda, Señor!

Jesús cayó para levantar a los que caen. Muchas son
las tentaciones del demonio, del mundo y de la debilidad humana. Señor, no nos dejes caer en la tentación,
y líbranos de todo mal.

Ten piedad de nosotros, Señor.
Ten piedad de nosotros.

Haz, santa Madre de Dios,
que las llagas del Señor
se impriman en mi corazón.
Cuando triste contemplaba
y dolorosa miraba
del Hijo amado la pena.

CUARTA ESTACIÓN

Jesús se encuentra con su madre

El anciano Simeón anunció a María: «Este niño está destinado en Israel para que unos caigan y otros se levanten... y a ti una espada te atravesará el corazón» (Lc 2,34-35). Los sentimientos de Madre e Hijo en este momento son incomprensibles para la mente humana. Ambos están unidos en el amor y el sufrimiento por la humanidad. Nuestra oración: «Oh Dios, un corazón arrepentido y humilde, tú no lo desprecias, Señor. No nos dejes caer en la tentación y líbranos del mal».

V. *Te adoramos, oh Cristo, y te bendecimos.*
R. *Porque con tu cruz has redimido al mundo.*

Jesús se encuentra con su Madre camino del Calvario. No hay intercambio de palabras. María comparte con su Hijo la Pasión. En medio del sufrimiento, por su inmersión en su Hijo, la Virgen María experimenta una gran paz. Se convierte en corredentora nuestra. Gracias, Madre.

Estos son los corazones que tanto han amado a los hombres, y nada han escatimado por ellos. ¡Corazones de Jesús y de María, concededme la gracia de conoceros, amaros e imitaros cada vez mejor! Os ofrezco mi corazón: ¡que sea siempre vuestro!

Ten piedad de nosotros, Señor.
Ten piedad de nosotros.

Haz, santa Madre de Dios,
que las llagas del Señor
se impriman en mi corazón.
Y, ¿qué hombre no llorara,
si a la Madre contemplara
de Cristo, en tanto dolor?

QUINTA ESTACIÓN
El cireneo

El cireneo no es una persona que, en un principio, ayude a Jesús, sino uno al que el jefe de los encargados de crucificar a Jesús ha obligado a que lleve la cruz. Si el jefe del piquete de soldados dejaba morir al condenado, era castigado. Esto le lleva a echar mano del cireneo. ¿Quiénes son los que hoy día llevan con Jesús la cruz? Los pobres, los humildes de la tierra, los necesitados de Dios, esos son los que invocan la misericordia y la redención por los pecados de los hombres. Ellos son los primeros en buscar la paz.

V. *Te adoramos, oh Cristo, y te bendecimos.*
R. *Porque con tu cruz has redimido al mundo.*

No se usa compasión con Jesús. El encargado de conducirlo será castigado si no llega hasta la cruz. Por eso se echa mano de Simón de Cirene. Se hace coportador de la cruz con Jesús. Me horroriza solo el oír la palabra «cruz». Quiero llevar mi cruz y la de los demás siempre detrás de ti.

También yo debo cooperar en la redención de los hombres, completando en mi persona los dolores de Cristo, sufriendo por su cuerpo que es la Iglesia. Acéptame, Maestro bueno, como humilde víctima.

Ten piedad de nosotros, Señor.
Ten piedad de nosotros.

Haz, santa Madre de Dios,
que las llagas del Señor
se impriman en mi corazón.
Presérvanos del pecado,
líbranos de la condenación eterna
y cuéntanos entre tus elegidos.

La Verónica enjuga el rostro de Jesús

El libro de las Lamentaciones de Jeremías afirma: «¡Qué solitaria se encuentra la ciudad populosa!» (Lam 1,1). Palabras que hablan de llanto solitario en la noche, de falta de quien enjugue las lágrimas, de angustia no compartida como es la soledad. Recordamos en este momento a la gran cantidad de personas que se hallan en nuestras ciudades y pueblos en la más negra soledad; los descartados de los que habla el Papa Francisco que no encuentran a su alrededor, a pesar de los medios de comunicación, quién se acuerde de ellos.

V. *Te adoramos, oh Cristo, y te bendecimos.*
R. *Porque con tu cruz has redimido al mundo.*

En la Pasión de Jesús no han faltado gestos de compasión. Una mujer se adelanta, en medio de la multitud, y con ternura y compasión limpia el rostro de Jesús. Jesús corresponde dejando impreso su rostro en el lienzo. Que el rostro de Jesús se imprima en nuestros corazones.

Reconozco en esta mujer el modelo de las personas que conducen a Jesús. Comprendo mi deber de vivir en continua conversión para responder a tu infinito amor. Jesús, plasma en mí y en todas las personas que comunican tu Palabra las actitudes de tu corazón.

Ten piedad de nosotros, Señor.
Ten piedad de nosotros.

Haz, santa Madre de Dios,
que las llagas del Señor
se impriman en mi corazón.
Por los pecados del mundo,
vio a Jesús en tan profundo
tormento la dulce Madre.

Segunda caída de Jesús

Existe el pecado personal y el pecado social, que se expresa en toda forma de injusticia, sobre todo en aquellos que no tienen quién los defienda. Existen la violencia política, las leyes injustas, las venganzas. Existen las guerras y las armas tan potentes que son capaces de acabar con la humanidad. Las guerras son la síntesis de toda la aberración humana. Nadie se confiesa culpable de las mismas y se recurre a que las leyes son como son. Pero somos culpables de que la paz no sea efectiva al no llevarla en nuestro interior.

V. *Te adoramos, oh Cristo, y te bendecimos.*
R. *Porque con tu cruz has redimido al mundo.*

Por segunda vez, el que sostiene el mundo con su poder cae al suelo bajo la cruz. Nuestras caídas en el pecado se repiten un día y otro. Danos la fuerza para levantarnos como levantaste a los que encontraste en tu peregrinar por los caminos de Galilea.

Jesús bueno, así nos ayudas a levantarnos de nuestras recaídas, debidas a nuestras debilidades y a exponernos a las ocasiones de pecado. Rechazo, Señor, todos los pecados con que te he ofendido, que son causa de tu muerte y de mi perdición, y me propongo no cometerlos más.

Ten piedad de nosotros, Señor.
Ten piedad de nosotros.

Haz, santa Madre de Dios,
que las llagas del Señor
se impriman en mi corazón.
Vio morir al Hijo amado,
que rindió desamparado
el espíritu a su Padre.

OCTAVA ESTACIÓN
El llanto de las mujeres

En medio de tanto dolor y sufrimiento, un grupo de mujeres, con su actitud, están demostrando que no se dejan vencer por la oscuridad de la noche. Confiesan con su gesto que el mal y la noche más profunda no tienen la última palabra. No nos dejemos vencer por la oscuridad. A la noche le sigue el alba. Caminemos juntos por el camino de la paz, la concordia y la superación de los conflictos que nos rodean. Ante Dios no existe la noche, la oscuridad resplandece como la luz.

V. *Te adoramos, oh Cristo, y te bendecimos.*
R. *Porque con tu cruz has redimido al mundo.*

Un grupo de mujeres siguen a Jesús llorando. Lo que le sucede a Jesús es causado por los pecados. Los que clamaron ¡crucifícalo, crucifícalo! son sus hijos. Lo que tenemos que llorar son nuestros pecados. El llanto que pide Jesús es la verdadera conversión. Sin esto, nos quedamos en un simple pietismo.

Pido perdón por mis numerosos pecados personales y por los que otros han podido cometer por mi causa. Jesús mío, concédeme la gracia de evitar en lo posible el pecado ajeno, con las obras, el testimonio, la palabra y la oración.

Ten piedad de nosotros, Señor.
Ten piedad de nosotros.

Haz, santa Madre de Dios,
que las llagas del Señor
se impriman en mi corazón.
¡Oh dulce fuente de amor!,
hazme sentir tu dolor
para que llore contigo.

Tercera caída de Jesús

Las fuerzas de Jesús flaquean. Son muchos los padecimientos. La condena a muerte, noches sin dormir, la flagelación y el madero que lleva sobre sus espaldas. La naturaleza humana tiene sus limitaciones y Jesús cae por tercera vez. Nosotros somos inconstantes en nuestros propósitos y una y otra vez faltamos en muchas cosas a causa de esa condición de fragilidad que arrastramos debido al pecado original. Señor, concédenos la fuerza de participar en el arrepentimiento de un pueblo que acepta la cruz como una fuerza de salvación.

V. *Te adoramos, oh Cristo, y te bendecimos.*
R. *Porque con tu cruz has redimido al mundo.*

La paciencia de Dios es nuestra salvación. Dios sabe de qué barro estamos hechos. A pesar de que caemos una y otra vez en el pecado, sigue mirándonos con ternura y comprensión. Reconozcamos nuestros límites... y sigamos andando. Dios no nos ama porque somos buenos, sino por débiles y pecadores. La obstinación oscurece la mente, endurece el corazón y pone en peligro la salvación.

Señor, por tu Pasión, ten misericordia de mí. Concédeme la gracia de mantenerme vigilante, de ser fiel a la revisión de mi vida y celebrar frecuentemente el sacramento de la Reconciliación.

Ten piedad de nosotros, Señor.
Ten piedad de nosotros.

Haz, santa Madre de Dios,
que las llagas del Señor
se impriman en mi corazón.
Y que, por mi Cristo amado,
mi corazón abrasado,
más viva en él que conmigo.

DÉCIMA ESTACIÓN

Jesús es despojado de sus vestidos

≪Clementísimo Salvador, al que algún día tendremos como juez justo, reconocemos que hasta hoy no solo no nos hemos vigilado nosotros mismos con diligencia, sino que nos hemos dado al sueño, olvidándonos de los deberes como si no nos importasen. ¿Hemos de desesperar? ¿Permitirás tú que el enemigo triunfe sobre ti y sobre tantas criaturas? Se trata de tu honor el que tu preciosísima Sangre se desparrame inútilmente sobre nosotros. Haz que busquemos continuamente lo que conviene para llegar a la vida eterna≫ (san Carlos Borromeo).

V. *Te adoramos, oh Cristo, y te bendecimos.*
R. *Porque con tu cruz has redimido al mundo.*

Jesús es despojado de sus vestidos. Se cumple el Salmo 22,19: «Se reparten mi ropa y se sortean mi túnica». La voluntad de los hombres desaparece. Hay que ver el cumplimiento de la voluntad de Dios, que nos salva en Jesús. Aunque se sirva del factor humano, puesto que el vino con hiel servía para mitigar el dolor.

Jesús no lo mitiga, lo asume. Señor, concédeme la gracia de liberarme progresivamente de toda vanidad y superficialidad, y haz que te busque únicamente a ti, eterna felicidad.

Ten piedad de nosotros, Señor.
Ten piedad de nosotros.

Haz, santa Madre de Dios,
que las llagas del Señor
se impriman en mi corazón.
Y, porque a amarle me anime,
en mi corazón imprime
las llagas que tuvo en sí.

Jesús es clavado en la cruz

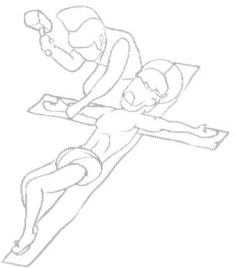

Jesús sufre dolores atroces clavado en la cruz, pero a pesar de ello vence. Pero esta victoria no queda reflejada en el mundo actual y en la vida de cada uno de nosotros, pues «Jesús estará en agonía hasta el fin del mundo» (Pascal). María, su Madre, está presente y unida estrechamente a su Hijo en esta lucha. Que su lucha sea la nuestra y que veamos en los signos de la muerte de Cristo la certeza de su victoria. Somos débiles y frágiles pero nos ayuda en estas limitaciones la contemplación del Crucificado y de su Madre y nuestra, la Virgen María.

V. *Te adoramos, oh Cristo, y te bendecimos.*
R. *Porque con tu cruz has redimido al mundo.*

Las manos, que han pasado haciendo el bien, son clavadas, inmovilizadas. Los pies, que han caminado anunciando el reino de Dios, son atravesados por un grueso clavo. Jesús sufre, por los clavos y por el dolor de su Madre. Todo esto sucede ante la mirada atenta de María, que se ofrece junto con su Hijo.

Pertenecen a Jesucristo los que crucifican su vieja condición, luchando para superar sus errores y debilidades. Quiero ser de Jesucristo durante toda mi vida, en el momento de la muerte y por toda la eternidad. No permitas, Señor, que me separe de ti.

Ten piedad de nosotros, Señor.
Ten piedad de nosotros.

Haz, santa Madre de Dios,
que las llagas del Señor
se impriman en mi corazón.
Y de tu Hijo, Señora,
divide conmigo ahora
las que padeció por mí.

DECIMOSEGUNDA ESTACIÓN
Jesús muere en la cruz

Jesús muere en la cruz. ¿El mal tiene la última palabra? ¿La vida de Jesús y su doctrina han fracasado? Tú conoces los momentos de angustia por los que pasamos en nuestra vida, prisioneros de nosotros mismos y de nuestras preocupaciones. La fe nos dice que el mal no tiene la última palabra y que la Resurrección es nuestra fuerza en los momentos difíciles. Que sepamos descubrir el significado de los momentos de dolor, porque tú has pasado por ellos, y que descubramos quién es el Padre.

V. *Te adoramos, oh Cristo, y te bendecimos.*
R. *Porque con tu cruz has redimido al mundo.*

Tras tres horas de agonía, Jesús muere en la cruz: «Padre, perdónales porque no saben lo que hacen». Al ver a su madre y a Juan dice: «Mujer, ahí tienes a tu hijo [...]. Ahí tienes a tu madre» (Jn 19,26-27). Entrega total de sí mismo. Todo está consumado.

La muerte de Jesús se actualiza diariamente en nuestros altares cuando celebramos la Eucaristía. Jesús, fuente del amor, enséñame a valorar la Eucaristía, para que la celebre con frecuencia y con las mismas disposiciones que tuvo tu Madre al pie de la cruz.

Ten piedad de nosotros, Señor.
Ten piedad de nosotros.

Haz, santa Madre de Dios,
que las llagas del Señor
se impriman en mi corazón.
Hazme contigo llorar
y de veras lastimar
de sus penas mientras vivo.

Jesús es bajado de la cruz

María alumbró a Jesús en Belén, lo cuidó siempre y ahora se encuentra una vez más con él; está muerto en su regazo. En María se realiza la profecía del anciano Simeón: «A ti una espada te atravesará el corazón» (Lc 2,35). Al bajar de la cruz, Jesús consigue que nosotros subamos, no a la cruz, sino que venzamos nuestras cruces diarias. Nos ha dejado como medio para ello la Eucaristía, donde se renuevan a diario la Pasión, muerte y Resurrección del Señor, del Hijo de Dios, mientras esperamos su vuelta.

V. *Te adoramos, oh Cristo, y te bendecimos.*
R. *Porque con tu cruz has redimido el mundo.*

Todo ha terminado aparentemente. Hay que actuar con presteza para bajar de la cruz el cuerpo de Jesús. Pilato ya ha dado su consentimiento. Y Jesús es bajado de la cruz y colocado en el regazo de su Madre, como lo tuvo en el nacimiento. María es la Madre Dolorosa, corredentora con su Hijo.

María contempla en las llagas de su Hijo las consecuencias de nuestros pecados y el amor infinito de Jesús por nosotros. La devoción a María es signo de salvación. Madre, recíbeme como hijo, acompáñame durante la vida, asísteme constantemente, especialmente en la hora de la muerte.

Ten piedad de nosotros, Señor.
Ten piedad de nosotros.

Haz, santa Madre de Dios,
que las llagas del Señor
se impriman en mi corazón.
Porque acompañar deseo
en la cruz, donde te veo,
tu corazón compasivo.

DECIMOCUARTA ESTACIÓN
Jesús es sepultado

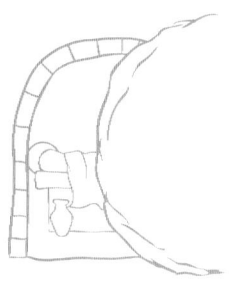

La pobreza de Jesús llega hasta la muerte. No tiene un lugar donde reclinar la cabeza durante su vida y no tiene una tumba donde reposar su cuerpo en espera de la Resurrección. Dios no abandona a su Hijo y José de Arimatea cede un sepulcro nuevo para que sea enterrado Jesús. El que había resucitado a los muertos y dado la salud a los enfermos espera el momento de su Resurrección. Infunde en nosotros, Señor, un espíritu nuevo, un corazón renovado, un espíritu de amor y de paz. Somos débiles y pecadores ante ti, muchas veces nuestra opción ha sido la muerte y no la vida.

V. *Te adoramos, oh Cristo, y te bendecimos.*
R. *Porque con tu cruz has redimido al mundo.*

Señor Jesús, que has cumplido la voluntad del Padre, ofreciéndote como víctima de expiación por nuestros pecados, límpianos de todo mal y haz germinar en nosotros la esperanza. Que tu entrega amorosa nos haga pregustar la vida eterna.

El entierro de una persona es un evento triste y la tristeza aumenta cuando se trata de un ser querido. La sepultura de Jesús, no obstante, es la antesala de la Resurrección. Nuestra esperanza, por tanto, debe aflorar en este y en todos los momentos de dificultad. Bien sabemos que estamos unidos a Cristo en el sufrimiento así como en la gloria.

Ten piedad de nosotros, Señor.
Ten piedad de nosotros.

Haz, santa Madre de Dios,
que las llagas del Señor
se impriman en mi corazón.
En todos los momentos de aflicción
escucha nuestro llanto y nuestros ruegos.

DECIMOQUINTA ESTACIÓN
La Resurrección de Jesús

≪Debemos recordar que Jesucristo vino a salvar a todos los hombres; que él conocía el valor de las almas y por eso no dudó en sufrir y morir por ellas. Valientemente predicó su doctrina, atestiguó su divinidad y confirmó su doctrina con los prodigios, especialmente con el de su Resurrección≫ (beato Santiago Alberione). ¡Jesús ha resucitado para sacarnos de las tinieblas y la soledad de la muerte y regalarnos la esperanza de la vida eterna!

V. *Verdaderamente ha resucitado el Señor, aleluya.*
R. *Tal y como lo anunciaron las Escrituras, aleluya.*

Con la Resurrección de Jesús, Dios pone las cosas en su sitio. Por un tiempo, la violencia, la injusticia y el mal parecían triunfar. Jesús ha predicado, enseñado, hecho el bien. Se ha presentado como el Camino, la Verdad y la Vida. Ha predicado el amor y el perdón y sigue teniendo vigencia su palabra. Su Resurrección es primicia de la nuestra.

Creo firmemente, Dios mío, en la Resurrección de Jesucristo, como creo en la resurrección de la carne. Quiero resucitar diariamente a la nueva vida, para poder resucitar a la gloria en el último día.

Cristo redentor, sálvanos por la fuerza de la cruz.
Cristo redentor, sálvanos.

Haz, santa Madre de Dios,
que la luz de la Resurrección
inunde mi corazón.
Infunde en nosotros,
con tu espíritu de amor,
la esperanza y la paz.

Conclusión

Oremos. Señor, Dios nuestro, que has querido realizar la salvación de todos los hombres por medio de tu Hijo, muerto en la cruz, concédenos, te rogamos, a quienes hemos conocido en la tierra este misterio, alcanzar en el cielo las promesas de la redención y llegar a la gloria de la Resurrección. Por el mismo Jesucristo, nuestro Señor. Amén.

Padrenuestro, Avemaría y Gloria.
Rezamos por las intenciones del Papa.

Índice